DÉBOUCHÉS

Paul Humberstone

HODDER AND STOUGHTON
LONDON SYDNEY AUCKLAND TORONTO

Je dédie ce livre à P.J.B.T., maître-déboucheur.

For their help in preparing the recordings which accompany this book I should like to thank Daniel, Pascal and David Roche, Dominique Davis and Michèle Mather. I am indebted, as ever, to Dr John Tucker for his frank advice and helpful suggestions. This book would have been infinitely more difficult to produce without the help of Mr Peter Downes, who has supplied generous encouragement and his wealth of experience and expertise at all stages of its preparation. It would have been impossible to produce without the patient and unfailing support of Elisabeth Bolshaw and her colleagues at Hodder and Stoughton.

The authors and publishers would also like to thank the following for permission to reproduce photographs:
Electricité de France Internationale for the photograph on page 78; *Farmers Weekly* for the photograph on page 80; Friends of the Earth Trust for the photographs on pages 79 and 80; Keith Gibson for the photographs on pages 14, 30, 32 and 44.

© 1988 Paul Humberstone

First published in Great Britain 1988
Third impression 1990
British Library Cataloguing Publication Data
Humberstone, Paul
  Débouchés.
  1. French language – For schools
  2. Title
  448

  ISBN 0-340-42296-3

Typeset in Palatino & Lightline Gothic by Tradespools Ltd., Frome, Somerset
Printed and bound in Great Britain for Hodder and Stoughton Limited, P.O. Box 702, Dunton Green, Sevenoaks, Kent

Introduction

In selecting the passages and devising the exercises used in this book, I have tried to ensure that they are both varied and relevant to the learner. All the texts are authentic. Some are reproduced exactly, as cuttings from periodicals and newspapers; others have been adapted to suit the linguistic requirements of students at this level. I have tried to avoid material which will rapidly become dated, and the issues addressed are those which affect any sixth form student who looks around and ahead. Teachers will want to present specifically topical matters, in the field of political change for example, with reference to the most recent press articles and broadcasts. The use of supplementary material such as BBC tapes, TV programmes and videos will add further variety and topicality. This book seeks to provide a durable basis for AS level and A level coursework in comprehension, manipulation of language, oral practice and written French.

The texts are grouped thematically, and it is not intended that each section should be worked through in turn. A suggested order is given below (see *Huit parcours pour déboucher*) taking into account levels of difficulty, and the need to avoid focussing on the same topic area for too long. The use of the material in this way should encourage regular revision of areas of vocabulary.

A wide range of activities follows each text, including comprehension exercises and extensive and realistic suggestions for oral exploitation of the texts. There are guided opportunities for pairwork, group work and/or questions directed by the teacher. The writing tasks follow on from these, so that the necessary material will have been rehearsed in a variety of ways before the students are asked to write. Where necessary, bold type numbers are given as page references and ordinary type as line references. Thus, for example, **38**, 41 refers to page 38, line 41.

A list of words which are beyond the compass of GCSE (but excluding those with obvious connotations in English) appears at the back of the book. I have chosen not to put these alongside the texts, so that the comprehension exercises can be done with or without 'looking up'. These exercises are based on AS and A level syllabuses which follow on from GCSE, and some of them involve the use of a dictionary. Teachers who prefer the use of mono-lingual dictionaries have the option of exercising this preference, but those working for exams allowing reference to bi-lingual dictionaries will find scope for their use.

The accompanying recordings (transcriptions of which are also available) form part of this multi-skill approach to the topics rather than constituting a complete course in listening skills. *Débouchés* is designed above all to provide practice in reading, speaking and writing which is relevant to all students at this level. It leaves behind the information office and hotel reception desk, and provides a variety of material to provoke discussion and encourage communicative competence in those who have achieved a good standard at GCSE and are *déboucheurs* in the making.

Huit parcours pour déboucher
1 Units 1, 9, 16, 24, 34
2 Units 2, 6, 10, 17, 38
3 Units 3, 11, 18, 28, 39
4 Units 4, 8, 12, 29, 36
5 Units 5, 13, 19, 27, 35
6 Units 7, 21, 25, 26, 32
7 Units 14, 20, 22, 31, 37
8 Units 15, 23, 33, 30, 40

Table des matières

PREMIÈRE PARTIE

Déboucher du lycée

Le code secret de votre bulletin scolaire

Le bulletin scolaire, vous le reconnaîtriez entre mille. Il arrive à la fin du trimestre entre la note d'électricité et la facture du téléphone, aimablement adressé à vos parents. Quelle lettre d'amoureux est attendue avec plus d'impatience? Avidement, vous guettez sur le visage de vos parents les signes de joie ou de réprobation. Parfois, vous lisez par-dessus leur
10 épaule dans votre hâte, votre curiosité de découvrir le magistral message …

Hélas! ce billet doux se révèle plutôt décevant. Notre sondage dit sans équivoque combien son contenu vous laisse sur votre faim. Dans le meilleur des cas, il vous rappelle ce que vous saviez déjà; dans le pire, il vous laisse perplexe ou découragé. Pourquoi? Comment?

Les faits, d'abord les faits. Le bulletin
20 arrive donc. Tout de suite une certitude: ce sont les appréciations qui vous intéressent davantage. Les notes moyennes, vous les connaissez, il suffit de savoir additionner. Des avis vous êtes moins certains. Le prof sera-t-il vache ou indulgent? Va-t-il vous «saquer»? Et puis, il y a toujours cette petite curiosité: Que pense-t-il vraiment de vous? Première déception, une élève de première à Dijon
30 le dit sans ambages: «Les commentaires sont trop brefs. Parfois, on croirait avoir un télégramme sous les yeux.» C'est vrai, nous avons compté. Sur près de 1500 appréciations que vous nous avez communiquées, 82% ont moins de dix

mots, près de la moitié moins de cinq. Coup de chapeau au passage aux profs de français qui totalisent les avis les plus longs (35% ont plus de dix mots).
40 «Depuis la sixième, les appréciations sont les mêmes: bon trimestre, bonne élève …» nous écrit Céline, élève de seconde. Elle n'est pas la seule à le penser: 88% d'entre vous jugent les avis conventionnels. A croire que les professeurs, à court d'imagination, se copient les uns les autres! Comme si, en étant bon en maths, on était obligatoirement bon en sciences nat.!
50 Quel que soit l'élève, quelle que soit la discipline, il y a en effet un «style bulletin scolaire» inimitable. Ce qui le caractérise: l'emploi généralisé de l'impersonnel. Difficile dans un bulletin moyen de repérer tout de suite s'il concerne un garçon ou une fille. Très rarement apparaît un prénom. Les verbes sont le plus souvent sans sujet: «a fait preuve», «manifeste» … Mais ce qui triomphe
60 surtout c'est le «il faut» ou «doit» … Ce n'est pas le seul souci de gagner de la place qui explique cette brièveté. Elle trahit en fait l'ambiguïté fondamentale du bulletin: à qui s'adresse-t-il vraiment: à l'élève? aux parents? Alors on adopte une forme détournée qui ménage la chèvre et le chou. Ce qui est rarissime, c'est l'entrée en scène de l'enseignant. Le «je» est exclu (sauf dans l'exhortation
70 «J'attends mieux») comme si l'implication du professeur pouvait faire suspecter l'objectivité de son jugement.

De la personnalité de l'élève, fort peu de choses. Pourtant, avec quelle soif vous attendez les phrases qui vous éclairent sur vous-même! peut-on soupçonner les enseignants, hommes et femmes qui ont fait d'honnêtes études, de manquer à ce point d'esprit d'analyse?
80 N'y aurait-il pas plutôt derrière ces jugements un message secret à décoder? On ne peut pas tout dire dans un bulletin scolaire. Cela relève de la politesse. Qui oserait écrire aux parents que leur enfant n'a pas de possibilités? Faute de pouvoir noter sur les bulletins ce qu'ils disent entre eux, les professeurs choisis-

sent donc des formules atténuées. Un œil un peu exercé rétablit vite les choses.
90 Un chef d'établissement en a fait la démonstration en commentant cette appréciation en apparence anodine: «Elève très sérieux, organise mieux son travail.» «Il s'agit sans doute d'un élève qui peine. En général, les élèves brillants ne sont pas très sérieux. Organise mieux: veut dire qu'il a eu des problèmes d'organisation au départ, ce qui est le propre des enfants très scolaires, sou-
100 vent perfectionnistes. Bref, ce doit être un bon petit élève dont le professeur n'attend pas des étincelles.»

Dernier reproche, le plus important sans doute: vous accusez les bulletins scolaires d'être avant tout un constat. Peu de recherches des raisons véritables de vos difficultés (attribuées immanquablement au «manque de travail», mot magique), encore moins de conseils
110 concrets pour vous améliorer. Les bulletins précisent le niveau de l'élève, mais ne donnent aucune indication sur ce qu'il devrait faire pour réussir. Les bulletins remplissent leur fonction administrative plutôt que leur fonction pédagogique.

1   In what frame of mind are students said to await their report?
2   How do they react when it eventually arrives?
3   Why do students attach more importance to the comments than to the marks?
4   Why do teachers of French deserve congratulation?
5   What criticism is made about teachers' comments on reports other than that they are too short?
6   What criticism is made of their style?
7   What explanation is suggested for the rarity of the pronoun 'I'?
8   Why is it necessary to read between the lines?
9   What is the substance of the final criticism of reports?

BULLETIN TRIMESTRIEL

COLLEGE de MAURIAC
Place de la Poste
15200 MAURIAC
71 68 06 20

NOM _Jammet_ PRÉNOM _Claire_

ANNÉE 19 _87_ 19 _88_ 1er TRIMESTRE CLASSE _4eA_

DISCIPLINES	NOTE du controle sur 20	NOTE moyenne sur 20	TYPES D'EXERCICES	APPRÉCIATIONS DES PROFESSEURS
FRANÇAIS G.1 M CHALEIL		15 / 16,5	ORTHOGRAPHE / GRAMMAIRE / REDACTION / Lecture expliquée	Bien - Continuez.
G. **MATHÉMATIQUES** M Cassant	10	9		Ensemble juste moyen.
LANGUES VIVANTE I M Noelli	CC 18	G.1 15½		Bon trimestre. Participation orale et résultats très satisfaisants
HISTOIRE GÉOGRAPHIE INSTRUCTION CIVIQUE M Serre		15,5		Bien à l'écrit; très efficace en classe.
SCIENCES PHYSIQUES M Rouchy		08		Un peu insuffisant mais des efforts. Peut progresser
SCIENCES NATURELLES M Juillard		16,5		Travail très sérieux Il faut participer davantage
MUSIQUE M Dupré		19		Excellent!
DESSIN M Malcouage		13,5		Bien.
TECHNOLOGIE M Coste		11		Un peu de passivité mais une fin de trimestre bien meilleure
EDUC. PHYSIQUE ET SPORTIVE M BIBAL		12		B. Bien.
LANGUE VIVANTE II M Auriac		15		Bonne élève. Des aptitudes et de l'intérêt.
LATIN M Vignal		14,5		Assez bien dans l'ensemble.
M				
M				Absences: 0

REMARQUES DU PROFESSEUR PRINCIPAL :

Travaille et s'intéresse aux cours - Résultats très satisfaisants sauf en maths et physique où ils sont passables -

A conserver soigneusement - Aucun duplicata ne sera délivré.

Portrait-robot du bon élève

Anne-Sophie est chérie de ses professeurs. En français, on loue sa sensibilité, sa finesse, la profondeur de sa réflexion, son humour de bon aloi et sa maturité, surprenante chez une élève si jeune. En allemand, elle sait allier la solidité du travail écrit à une agréable participation à l'oral. En latin-grec, on se réjouit de son assimilation rapide. Son insatiable curio-
10 sité (qui n'empêche pas la rigueur) la fait briller en histoire-géographie. En maths, ses capacités de concentration, son esprit méthodique et son vif intérêt pour la discipline enchantent son prof pourtant peu enclin aux compliments. On peut regretter peut-être qu'en éducation physique elle n'aille pas jusqu'au bout de ses possibilités.

Portrait-robot du mauvais élève

Jean-François fait la désolation du conseil de classe. Ses résultats obstinément déçoivent, inquiètent, alarment ses malheureux professeurs, qui n'arrêtent pas de l'exhorter à se ressaisir au plus vite et à faire de plus gros efforts. Il persiste pourtant à ne pas progresser et à rencontrer de graves difficultés. Son comportement étrange trahit manifeste-
10 ment sa mauvaise volonté: effacé, voire muet pendant le cours de langue, il est bavard en français, ses remarques révélant son manque de réflexion. En maths, il ne montre ni l'attention ni la persévérance souhaitables, tandis qu'en biologie il n'aurait fait qu'un séjour distrait, traversant l'année en touriste. Son dynamisme est qualifié d'indiscipline, son naturel jovial d'attitude déplaisante.

1 En réfléchissant à votre dernier bulletin scolaire, faites une liste des critiques exprimées ici avec lesquelles vous êtes d'accord, et celles qui seraient injustes en parlant des bulletins écrits par vos professeurs.
– Comparez vos listes avec celles de votre partenaire. e.g.: « Mon prof de maths écrit une dizaine de mots mais mon prof d'histoire écrit toujours beaucoup plus. »
« Moi, tous mes profs écrivent très peu, mais du moins ils ne copient pas les uns sur les autres. »

2 Etudiez avec un partenaire les résultats du sondage « A quoi servent les bulletins? ». Posez-vous les mêmes questions et comparez ensuite vos réactions avec celles de vos camarades de classe.

3 Lisez les portraits-robot et l'article « Peut mieux faire » Faites une liste de vos matières scolaires et notez vos appréciations de vous-même à propos de a) vos résultats b) vos progrès c) la qualité de votre travail d) votre comportement en classe.
– Posez des questions à votre partenaire pour découvrir ce qu'il/elle a écrit à son propre sujet. Prenez des notes en le faisant pour écrire ensuite son bulletin.
– Vous pouvez également écrire une appréciation de votre propre travail scolaire.

4 Un nouveau système de bulletins aux Etats-Unis comporte une liste sur ordinateur des remarques possibles. Ainsi, le professeur choisit ses appréciations en appuyant sur un bouton.

Aimeriez-vous voir ce système dans votre établissement? Pourquoi (pas)?

5 Ecrivez un paragraphe pour exprimer vos opinions sur le système de bulletins qui existe dans votre établissement et pour proposer, au besoin, des changements. Vous pourriez l'écrire sous la forme d'une lettre adressée au directeur . . .

A QUOI SERVENT LES BULLETINS?			
	Beaucoup (%)	Un peu (%)	Pas du tout (%)
A travailler davantage	25	49	25
A vous situer dans la classe	25	45	30
A améliorer vos résultats	11	49	38,5
A connaître vos possibilités	23	38	38,5
A choisir votre orientation	23	36	40

(Maigre bilan qui confirme le fait que les bulletins sont plus tournés vers le passé que vers l'avenir. Le pourcentage de « pas du tout » pour l'amélioration des résultats et l'orientation est impressionnant).

VOTRE VERDICT

Vous trouvez vos bulletins scolaires

37 %	58 %
Précis	Vagues

9 %	88 %
Originaux	Conventionnels

65 %	28 %
Francs	Hypocrites

(Verdict sévère pour les appréciations des bulletins. Vous reconnaissez toutefois à vos professeurs le mérite de la franchise et une certaine exactitude de jugement: 73% jugent leurs avis à peu près justes, 28% justes, 3% injustes).

VOS SOUHAITS : QU'ON TIENNE COMPTE DE VOS EFFORTS !		
Vous souhaitez que vos bulletins prennent d'avantage en compte :	Oui %	Non %
Vos résultats	21	78
Vos efforts	93	7
Vos progrès	92	7
Votre travail	76	23
Votre personnalité	71	27
Votre participation en classe	70	30

Les élèves jugent leurs profs

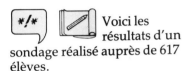 Voici les résultats d'un sondage réalisé auprès de 617 élèves.

PROFS-ÉLÈVES

COTÉ COMPÉTENCE : EXAMEN RÉUSSI. COTÉ RELATIONS AVEC LES ÉLÈVES : LES PROFS DOIVENT FAIRE LEURS PREUVES. VOUS LES TROUVEZ SAVANTS, SÉRIEUX, INTÉRESSANTS MAIS TROP PRESSÉS, TROP POLARS, PAS ASSEZ ATTENTIFS. LE CONTACT EST SOUVENT UN FACE-A-FACE HOSTILE. DE PART ET D'AUTRE, L'INDIFFÉRENCE MENACE. POURTANT, VOUS CHERCHEZ AVEC FORCE LE DIALOGUE ET L'ÉCOUTE. BEAUCOUP D'ENSEIGNANTS VOUS ONT DÉJA ENTENDUS.

LES PROFS ONT OBTENU *
DES FÉLICITATIONS POUR...

1 LEUR COMPÉTENCE
Êtes-vous globalement satisfaits de vos profs ?

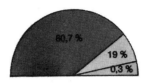

80,7 %
19 %
0,3 %

- oui
- non
- sans réponse

2 LE RESPECT QU'ILS INSPIRENT
Éprouvez-vous du respect pour vos profs ?

82,4 %
12,8 %
4,8 %

- oui
- non
- sans réponse

DES ENCOURAGEMENTS POUR...

3 LA CONSCIENCE PROFESSIONNELLE
Trouvez-vous que les profs travaillent ?

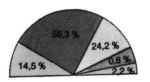

58,3 %
24,2 %
0,8 %
2,2 %
14,5 %

- beaucoup
- suffisamment
- pas assez
- pas du tout
- sans réponse

4 LA DISCIPLINE
Trouvez-vous vos profs sévères ?

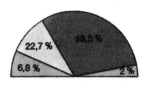

22,7 %
68,5 %
6,8 %
2 %

- trop
- pas assez
- ce qu'il faut
- sans réponse

UN AVERTISSEMENT POUR...

5 LA RELATION PROFS-ÉLÈVES
Vous notez les relations avec vos profs :

Très satisfaisant	7,5	38 %
Satisfaisant	30,5	
Moyen		26,5 %
Peut mieux faire		26,5 %
Insuffisant		8 %
Sans réponse		1 %

* Ce sondage a été réalisé auprès de 617 élèves, dont 43 % de garçons et 57 % de filles. 16 % sont au collège, 81,5 % au lycée. 7 % ont 13-14 ans ; 15,5 % ont 15 ans ; 24,5 %, 16 ans ; 53 %, 17 ans et plus.

6 L'ATTENTION INDIVIDUELLE
Aimeriez-vous que les profs s'occupent davantage de vous ?

Oui	41,5 %
Non	57 %
Sans réponse	1,5 %

7 LEUR ATTITUDE DANS L'ORIENTATION
Vos profs vous conseillent-ils efficacement pour votre avenir ?

Oui	28,5 %
Non	68,5 %
Sans réponse	3 %

– Analysez les réponses des élèves.
– Exprimez vos opinions sur les questions posées.
– Faites un mini-sondage pareil dans votre classe, en prenant des notes.
– Discutez en groupe les résultats en essayant d'expliquer les cas où vos résultats diffèrent de ceux du sondage français.

Les élèves interrogés se sont exprimés à cœur ouvert au sujet de leurs professeurs. La liste A contient des phrases utilisées pour décrire un bon prof. Trouvez dans la liste B une expression contraire.

You will hear a 17 year old boy from Lyon talking about his teachers.

1 What does he think of his teachers of:
a) maths?
b) history?
c) French?
d) philosophy?

2 What qualities does he ascribe to the teachers he respects?

Maintenant, posez des questions de la même sorte à votre partenaire. Vous utiliserez tous/toutes les deux les expressions que vous avez lues et entendues, par exemple:
«Ton prof de maths, il a de l'autorité?»
«Non, il se fait toujours chahuter.»

Regardez le dessin ci-dessous. Qu'en pensez-vous? Estimez-vous que les élèves devraient avoir le «droit de remarque» comme les professeurs?

«Le rapport professeur-élève a beaucoup évolué ces temps-ci, mais pas encore suffisamment.» Qu'est-ce que vous en pensez?

A avoir de l'autorité
donner confiance
s'engager
être consciencieux
allier le travail et la décontraction
entretenir un climat de sympathie
transmettre clairement ses connaissances
croire que les élèves ont quelque chose à dire
faire attention à autrui
savoir l'art de mêler travail et plaisir
faire des heures supplémentaires
avoir de l'enthousiasme: aimer son boulot
finir le programme
gagner à être connu
être patient
faire aimer sa matière
être (relativement) ouvert

B se faire chahuter
être (assez/tout à fait) confus
faire peur pour faire travailler
être étroit d'esprit
rendre le travail pénible
semer la panique
ne penser qu'à son salaire et à ses vacances
s'arrêter souvent
faire un cours magistral
être l'automate qui fait son cours
faire détester sa matière
rester cloîtré dans son petit univers
être (plutôt/franchement) antipathique
se moquer de l'avenir des élèves
être nerveux
ne pas savoir se faire respecter
être indifférent aux élèves

Seconde: L'année du travail personnel

«Il ne faut pas croire que la cadence est infernale en seconde!» Après six mois d'expérience, Géraldine se fait plutôt rassurante: «Les profs de 3e nous disaient que ce serait dur, pour nous faire peur. Mais la seule différence qui compte, c'est que maintenant on est libre d'organiser son temps comme on veut.» Une seule différence, d'accord, 10 mais elle est de taille! Pour David, son voisin, qui a mis quelque temps à comprendre la situation, cette liberté est redoutable. «Personne n'est là pour nous pousser. En maths, par exemple, la prof ne nous rappelle même pas de refaire les exercices après son cours. Elle suppose qu'on les revoit d'office. Du coup, au début de l'année, j'avais l'impression d'avoir moins de travail qu'en 20 3e… parce que je me contentais de faire le strict minimum de ce qu'on nous demandait explicitement.» Finie, la prise en charge confortable par les professeurs qui organisent le travail de leurs élèves chéris. Plus de béquilles, vous devez jouer tout seul.

«En seconde, on prend des notes et des initiatives,» résume un professeur de français. «Chaque élève a bien des notes 30 différentes sur le cours. Il doit de la même manière s'inventer son travail personnel. Je n'entends pas par là le travail à la maison, par opposition au travail en classe, mais les méthodes qu'on se donne pour être plus efficace, sans que tous les conseils tombent de la bouche du professeur. En français, par exemple, des fiches de lecture qui serviront aussi l'année suivante, en pre-40 mière; en histoire, des notes de synthèse par période ou par thème.» Une seule recette pour s'en sortir indemne: gérer son temps, s'organiser, s'avancer. Des mots que vous n'aimez pas mais qui sont la clé de cette classe de seconde redoutée. «C'est d'autant plus indispensable que maintenant on ne peut plus rattraper le retard», regrette David, le spécialiste des révisions de dernière 50 minute.

Ne comptez pas sur les nuits blanches de veille d'examen pour combler ces trous noirs. Votre réussite dépend de vos capacités de révision. La meilleure façon de gagner du temps reste de revoir ses cours au fur et à mesure, de refaire systématiquement les exercices, même si l'on croit avoir compris, de préparer à petite dose le 60 devoir suivant. Sans oublier ce «truc» sur lequel tous sont d'accord, élèves et professeurs: se concentrer en classe. En «faisant l'éponge», en s'imbibant du cours et en participant beaucoup plus qu'en 3e, la moitié du travail sera déjà faite. C'est l'occasion ou jamais d'en acquérir les bases.

SUMMARISE the advice given in this passage in about 100 words in English.

Remplissez les blancs

Remplissez les blancs, en tenant compte du sens de chaque phrase dans le contexte de l'article ci-dessus.

1 La différence essentielle, c'est qu'on a plus de _____ en 2de.

2 Quant à David, cette liberté lui _____ peur.

3 Il se contentait de faire juste ce qu'il _____.

4 On a l'impression d'être _____ par les professeurs.

5 Le professeur compte sur _____ de l'élève.

6 L'élément le plus important, c'est la _____ de son temps.

7 Il faut réviser _____, pas seulement la veille de l'examen.

8 Les deux éléments d'un bon travail en classe sont la _____ et la _____.

/ Partenaire A prend le rôle d'un(e) élève français(e) qui se plaint à propos des difficultés provoquées par le changement de système entre la troisième et la seconde. Partenaire B donne ses réactions aux différences qu'il a trouvées entre la façon dont on le faisait travailler l'année dernière et celle dont on le fait travailler cette année. Partenaire A peut lui donner des conseils.

Vous avez reçu une lettre de votre correspondant(e) français(e) dans laquelle il/elle dit qu'il/elle ne sait pas comment se débrouiller en seconde. Répondez à sa lettre en lui racontant vos impressions du travail que vous faites cette année et en lui donnant des conseils pour réussir.

Le dur métier de lycéen

sérieux - conscientious

Côté - As for the

Les professeurs le disent: «A la fin de la troisième, on quitte des enfants. A l'entrée en seconde, on retrouve presque des adultes.» Côté lycéens, on n'a pas vraiment l'impression d'avoir changé pendant les vacances, mais on se sent projeté brusquement dans un monde bien différent de celui du collège. Benja-
10 min, collégien sérieux et travailleur, ne s'en est pas encore tout à fait remis: «En troisième, je m'ennuyais un peu. Les professeurs nous traitaient en gamins. C'était le ron-ron. En seconde, du jour au lendemain, il a fallu travailler beaucoup plus, être capable de prendre les cours en notes, etc.» Il a beau se donner du mal, ses notes ont baissé de trois ou quatre points. «La classe est faible», ont dit les professeurs aux parents dès le
20 mois de novembre. «Ils ne savent pas s'organiser...»

Face à cette situation qui se répète un peu partout, les parents s'inquiètent: «Il/elle travaille jusqu'à 10 heures du soir et une bonne partie du week-end.» souli-gnent les uns. «Il/elle décroche, se décourage...», soupirent les autres. Sou-vent leur stress vient s'ajouter à celui de l'adolescent.
30 La plupart des enseignants sont conscients du problème. Mais que faire? «Programmes et examens dictent la loi», déplorent-ils.

Les élèves les plus consciencieux seraient-ils les seuls à souffrir de cette situation? Rien n'est moins sûr. D'une part, la majorité des lycéens prennent leur travail au sérieux. D'autre part, le «mauvais élève» n'est souvent désin-
40 volte qu'en apparence.

«Ce qui domine parmi les lycéens que je vois, confirme un médecin parisien,

c'est la pression, l'angoisse, le désarroi. Une atmosphère très pesante...»

«A certains moments de l'année, note de son côté un professeur, les élèves sont si fatigués qu'ils se couchent et dorment dès qu'ils arrivent chez eux.» Certains se relèvent à 20 heures pour
50 travailler jusqu'à 23 heures... et dor-ment pendant les cours le lendemain matin. Etats dépressifs, larmes, crises de nerfs sont monnaie courante en «période de chauffe». Les problèmes scolaires sont médicalisés. Les médica-ments psychotropes, les somnifères ten-dent à remplacer les drogues illicites. On considère souvent que leur utilisation est sans grande importance, mais c'est une
60 erreur: ils masquent les difficultés que les jeunes rencontrent à devenir adultes et les détournent de l'effort nécessaire pour résoudre celles-ci.»

L'éducation physique et sportive (EPS), qui pourrait apporter une bouffée d'air frais, au propre comme au figuré, dans ce paysage plutôt sombre, tient une place dérisoire: deux heures par semaine. Elle est, en outre, souvent ressentie
70 comme une contrainte plutôt que comme un plaisir, une détente du corps, si bien que beaucoup de lycéens cher-chent à en être dispensés. L'EPS est si bien devenue une matière scolaire comme une autre qu'elle a cessé d'être, comme jadis, la revanche des cancres. Aujourd'hui, ce sont souvent les meilleurs élèves des sections les plus cotées qui ont les meilleurs résultats.
80 Et pourtant, le lycée ne devrait-il pas être la santé? Ses atouts sont nombreux. Il constitue un milieu de vie distinct de la famille, à l'âge où il faut commencer à prendre ses distances avec elle. Il pré-serve l'adolescent des efforts physiques et des contraintes de l'activité profession-nelle précoce, tout en lui apportant un mode d'organisation du temps à un moment où son mode de vie spontané
90 est anarchique. Il lui offre un lieu d'échanges multiples, tant avec les jeunes de sa génération qu'avec des adultes assez nombreux pour qu'il puisse en découvrir au moins un qui soit proche de lui, par la sensibilité ou par l'intelli-

gence. Enfin, dans la diversité des ensei-gnements, éducation physique et spor-tive comprise, sa recherche de lui-même devrait trouver de quoi se nourrir ample-
100 ment.

L'influx vital est si fort à l'âge du lycée qu'il est capable de soulever des mon-tagnes. L'adolescent qui se passionne pour la musique, la danse, un sport, et se mobilise pour mener de front la prépara-tion d'un bac et l'accès à un haut niveau dans le domaine qu'il aime, est capable d'assumer sans fatigue majeure des efforts considérables. Et l'on voit parfois
110 émerger des énergies cachées dont l'intensité stupéfie l'adulte. Le lycéen réussit parfois à mobiliser ces forces. Mais la grande majorité des élèves trouve rarement dans la vie au lycée de quoi susciter son dynamisme. Au contraire.

Fatigue, maux de tête, crise de nerfs... disent sûrement quelque chose de la difficulté de leur être tout entier à vivre la réalité qui leur est imposée.
120 Excès de travail scolaire sans doute, mais aussi obligation de subir passivement un mode de vie prédigéré par les adultes et pauvre en perspectives. Imperturbable, le lycée, lui, continue sur la voie que lui ont tracée ses origines napoléoniennes.

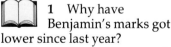

1 Why have Benjamin's marks got lower since last year?
2 What is the main cause of stress among pupils at this level?
3 Explain the term «période de chauffe» (line 54).
4 What is said to be wrong with taking sedatives?
5 How would you describe the attitude of most pupils towards PE lessons?
6 Explain the term «la revanche des cancres» (line 76).

7   Summarise the attributes of a lycée which, according to the writer, should be beneficial.

8   In what way could many schools be said to be failing to bring out the best in their pupils?

En discutant avec un partenaire, rédigez une liste des choses qui se passent dans votre lycée pour mobiliser les énergies et les passions des élèves.

– Dites ce que vous pensez de l'influence de ces activités sur les résultats des examens.

Imaginez que vous avez reçu une lettre dans laquelle votre ami(e) français(e) se plaint de certains aspects de sa vie au lycée: le programme, les professeurs, le manque d'activités, la passivité forcée des élèves. Ecrivez une réponse pour parler de vos expériences dans ces domaines et pour dire si le lycée répond à vos besoins.

Les écoles retournent à l'école

Il y a déjà le fast-food, la vidéo, les loisirs et la publicité. Aujourd'hui c'est la formation qui se glisse dans nos mœurs pour participer de plein droit à l'actualité socio-économique et culturelle de notre pays. A l'origine de sa croissance, il y a bien sûr le chômage qu'elle cherche à combattre en apportant une spécialisation mieux adaptée aux réalités du monde du travail. Elle apparaît aussi, à juste titre, comme le tremplin nécessaire à une meilleure intégration professionnelle et sociale. Sur le terrain, évidemment ça bouge. C'est même l'effervescence. Face à l'attitude des jeunes et de leur famille

devenus de véritables «consommateurs d'école», on a assisté à une explosion tous azimuts d'écoles et d'institutions diverses. Alors, les étudiants s'y perdent et les établissements aussi, qui ne savent plus comment se faire connaître ou reconnaître. Sur le marché de la formation comme ailleurs, l'efficience ne suffit plus. Pour gagner, il faut aussi savoir se vendre. «Se vendre, les écoles ne le savent pas», explique Jean-Paul Laidet, manager de PROMO J, agence de publicité spécialisée dans le secteur enseignement-formation. «La plupart se contentent en effet d'informer sur le contenu de leur programme et la durée de leurs études. Et c'est insuffisant! L'essentiel – le plus simple et en même temps le plus difficile – est de leur trouver une personnalité et un territoire de communication, qui puissent éviter le piège de la banalisation».

Pour Jean-Paul Laidet, l'école doit savoir séduire et sélectionner l'étudiant de valeur par une communication de recrutement créative et battante. Mais l'école ne doit pas oublier l'importance de la communication institutionnelle: elle

seule assure la notoriété et l'image de ses diplômés et de leur compétitivité sur le marché du travail et agit par récurrence sur le recrutement. Autrement dit, une stratégie cohérente doit déboucher sur un double objectif: augmenter le nombre et la qualité des candidats mais aussi faciliter l'entrée dans la vie active des futurs diplômés qui seront à leur tour porteurs d'image. «Bien sûr», répondra PROMO J, dont l'essentiel du travail consiste à façonner pour chaque établissement une image de marque qui s'appuie sur sa spécifité et son originalité et ce, au travers d'une communication claire et pertinente, grâce à des messages publicitaires adaptés et à une connaissance parfaite des médias.

Communiquer est un art, c'est aussi une technique qui évolue en fonction des secteurs. Voilà pourquoi depuis quelques années, la publicité elle aussi se diversifie. PROMO J connaît mieux que toutes les autres agences de communication les contraintes de la formation (moyens financiers y compris) ce qui lui permet de proposer une stratégie de communication réaliste et efficace.

1 What has brought about the creation of many new training schools?
2 Why has this in turn led to the creation of agencies such as PROMO J?
3 What criticism does PROMO J's manager make of most training establishments and what solution does he propose?
4 What should be the dual objective of such an establishment?
5 How does PROMO J seek to show that it is unique?

1 PROMO J travaille dans le contexte des établissements qui accueillent des étudiants désirant une formation spécialisée après avoir quitté le lycée. Mais imaginez qu'on vous demande d'utiliser les mêmes techniques pour «vendre» votre école secondaire.
Par exemple: dans le cadre d'un jumelage, vous devez persuader des élèves français à passer un trimestre dans votre établissement. Vous ne savez pas exactement quelles questions ils vous poseront, mais essayez d'imaginer celles que vous poseriez à leur place, et de préparer des réponses. Il s'agira sans doute de décrire:
– les effectifs
– les principaux responsables
– les locaux
– le programme et l'emploi du temps
– les activités extra-curriculaires prévues par les professeurs: sports, musique, théâtre, etc.
– les rapports entre élèves et professeurs
– la discipline
Vous pourriez également rédiger une lettre dans laquelle vous vous renseignez à propos d'une école française et une autre dans laquelle vous fournissez les renseignements indiqués ci-dessus au sujet de votre école.
2 Imaginez que PROMO J vous demande de façonner pour votre établissement «une image de marque qui s'appuie sur sa spécifité et son orginalité».

Débat

Dans quelle mesure est-ce que la formation que vous recevez vous aidera à «participer de plein droit à l'actualité socio-économique et culturelle» de votre pays? Quelle sera votre «compétitivité sur le marché du travail»?

Ecrivez la lettre demandée par l'éditeur.

UN LYCÉE PEUT EN CACHER UN AUTRE

Mon lycée est très réputé auprès des professeurs et des parents. Il est considéré comme un endroit « sain », sans drogue ni autres attaques de la société. Il a des heures de surveillance et d'ouverture très strictes et la sécurité est prise en charge efficacement. De plus, il est fréquenté par des élèves très BCBG.

Mais sous cet aspect rassurant se cache une image moins sécurisante. C'est une passoire ! Les élèves sortent pendant les heures de permanence et sèchent les cours qui leur déplaisent sans qu'aucune mesure ne soit prise par l'établissement.

Des professeurs absents la moitié du temps, et jamais remplacés, des classes chahuteuses, des w.-c. où le hash est roi. Mais à 5 h 20, les parents peuvent voir sortir des filles habillées Chanel avec un petit nœud dans les cheveux et des garçons bien propres. De vrais petits saints !

Anastasia

NDLR : Et vous, que pensez-vous de votre lycée ? Trouvez-vous aussi qu'il a deux visages ? Votre avis nous intéresse. Ecrivez-nous à *Phosphore*, rubrique courrier, 3, rue Bayard, 75008 Paris.

Explication: BCBG = bon chic bon genre

Vous pouvez mieux utiliser votre mémoire

Il n'y a pas de bonne ou de mauvaise mémoire en soi. Si vous ne retenez pas, c'est que vous n'utilisez pas tous les moyens pour qu'elle fonctionne au mieux. Le processus de la mémoire se déroule en deux temps: une phase d'accueil pendant laquelle vous recevez l'information (le cours du prof ou la lecture d'un livre par exemple), une phase de traitement. Notre cerveau classe, étiquette, rapproche cette information de quelque chose de connu. Enfin, une phase de stockage. L'information entre dans notre mémoire qui, à long terme, ressemble à une vaste bibliothèque. Si le message s'est envolé, interrogez-vous: Ai-je été assez attentif pendant le cours ou ma lecture, assez curieux, assez motivé ou simplement en assez bonne forme physique? Ai-je pris mes notes suffisamment clairement pour que ma mémoire puisse s'appuyer sur quelque chose de structuré? A vous de faire le diagnostic.

Vous retenez certains sujets sans efforts? C'est justement parce que vous vous y intéressez spontanément. Les mêmes personnes qui se plaignent d'avoir une mauvaise mémoire seront capables d'énumérer dans la minute dix références de disques, si c'est la musique qui les passionne. La mémoire obéit à deux lois, l'intérêt et la sensibilité. Nous retenons très bien ce qui nous émeut.

L'oubli est un processus normal. Si on ne revient pas sur un message, vingt-quatre heures après, il ne reste que 50% de la matière, une semaine après, 20% et un mois après, à peu près 15%. Mais on ne peut tout à fait enrayer le phénomène.

Tout d'abord la mémoire aime l'ordre. Pour retenir à long terme, il faut clarifier ce qu'on a appris. Le premier travail est la mise au net de ses notes de cours. Le soir même, si possible, relisez-les en dégageant le plan, soulignez les points importants, éclaircissez les passages obscurs à l'aide du manuel. Dès qu'un chapitre est terminé, faites une fiche sur laquelle vous inscrivez le plan du cours et les principales informations à retenir. Rien ne vous empêche de reprendre le plan du professeur, mais il est préférable de reformuler les informations avec vos mots et selon votre organisation à vous: la mémoire aime ce qui est traité personnellement. Enfin, périodiquement, rafraîchissez vos connaissances. Mais il y a manière et manière de le faire. Si vous vous contentez de relire le cours, vous serez satisfait, vous aurez l'impression de tout savoir. Vous n'aurez fait travailler que votre mémoire de reconnaissance alors qu'en situation d'examen c'est la mémoire de rappel que l'on sollicite. Pour que votre révision soit efficace, avant de prendre vos notes, prenez une feuille blanche et écrivez ce dont vous vous souvenez. Ensuite, comparez et complétez ce qui manque. Cet effort favorise l'appropriation des connaissances.

Certains ont besoin de s'immerger complètement pour être efficaces, d'autres décrochent s'ils restent trop longtemps sur une même matière. L'essentiel est de faire un travail varié. Des séquences courtes et intensives (de 1 h 30 environ), suivies de multiples réactivations, vous éviteront la saturation qui provoque une désorganisation de la mémoire et cette impression de tout confondre. La mémoire a besoin de temps pour décanter.

Si vous voulez acquérir la mémoire parfaite dont vous avez besoin, voici une occasion inespérée. Demandez la brochure offerte ci-dessous, mais faites-le tout de suite, car actuellement vous pouvez bénéficier d'un avantage supplémentaire exceptionnel.

Pierre Deligne

1 Apart from classifying information, what does the brain do in the second stage of memorising?

2 What could be the causes of failing to retain information?

3 What kind of things are easy to remember?

4 What is the general purpose of the advice given about what to do each evening after lessons?

5 What should you do before revising notes?

6 Why does the writer recommend a time limit for each revision session?

Un guide gratuit vous est offert

Afin de démontrer à tous qu'il est aujourd'hui possible de réussir ses études tout en réduisant ses efforts, le C.E.R.E.P. a décidé d'offrir un guide gratuit sur **«Comment réussir vos examens et vos études»**. Vous y découvrirez en détail tout ce que cette méthode peut faire pour vous et comment mettre dès maintenant tous les atouts de votre côté.

Ce guide est actuellement gratuit. Il vous suffit de le demander en écrivant au C.E.R.E.P. ou en renvoyant aujourd'hui même le bon ci-dessous. Agissez maintenant, sinon vous risquez de ne plus y penser.

C.E.R.E.P. -L3- (Centre Européen de Recherche pour l'Efficacité Personnelle. 10/12, rue Deltéral, 93310 Le Pré-Saint-Gervais.

Exprimez autrement

Exprimez autrement en français les expressions suivantes, en essayant de commencer par le(s) mot(s) proposé(s) entre crochets:
1   au mieux [de la . . .]
2   interrogez-vous [posez . . .]
3   vingt-quatre heures après [au . . .]
4   rien ne vous empêche [il est . . .]
5   périodiquement [de . . .]
6   ce dont vous vous souvenez [ce que . . .]

Discutez avec un partenaire vos habitudes dans le domaine du travail:
– Est-ce qu'elles exploitent bien la mémoire? Posez des questions à propos de:
la curiosité
la motivation
la bonne forme physique
les notes et les fiches
la lecture des cours
le temps qu'on passe sur une matière
la saturation
. . . et si votre partenaire a des problèmes, donnez-lui des conseils à partir de l'article ci-dessus.
– Est-ce que vous arrivez tous/toutes les deux à retenir certains sujets sans efforts? Pourquoi?
– Discutez les matières que vous avez au collège en précisant pourquoi vous avez une meilleure mémoire dans certains cas.

Un(e) ami(e) français(e) vous a écrit en vous disant que son travail scolaire marche très mal, surtout quand il s'agit d'épreuves. Il faut faire quelque chose! Ecrivez-lui en donnant des conseils.

SUMMARISE this advice about how to improve your technique in language learning. Write in note form in English.

Que vous l'ayez à l'écrit ou à l'oral, on vérifiera votre compréhension d'un texte écrit, votre connaissance de la grammaire et votre aptitude à vous exprimer. Donc, pas de connaissances théoriques, mais un savoir-faire. (Les conseils suivants sont valables pour toutes les langues vivantes.)

Assurez vos bases. Ce sont, au dire
10 des examinateurs, vos connaissances grammaticales et votre expression qui laissent le plus à désirer. Quelques mesures d'urgence pour les améliorer:
– Repérez les 20 fautes qui reviennent dans vos devoirs, notez la règle et illustrez-la par un exemple simple qui vous aidera à la retenir. Ce sottisier personnel est à relire très régulièrement.
– Relisez de temps en temps les textes
20 étudiés en classe et vos notes de cours. Tournures syntaxiques et vocabulaire s'oublient très vite. Mieux vaut ancrer ses acquis que de voir sans cesse des choses nouvelles.

Apprenez du vocabulaire. Notez les mots nouveaux sur un carnet de vocabulaire. Plutôt que d'inscrire la traduction, notez la définition dans la même langue. Vous apprendrez ainsi plusieurs mots au
30 lieu d'un seul.

En prévision de votre essai, apprenez le vocabulaire de la vie affective, sociale et morale car vous aurez à débattre de sujets de société. Habituez-vous à relire vos devoirs d'un œil critique.

Intervenez en classe le plus souvent possible. Si votre lycée dispose d'un assistant, demandez-lui de lire et de commenter quelques-uns des textes que
40 vous présentez. Enregistrez-le et repassez-vous la bande de temps en temps.

Le gâchis de l'école

Nos enfants sont mal formés. Ils passent à l'école un nombre d'heures considérable, ils sont censés apprendre des choses très savantes (par exemple ce qu'est un phonème ou un champ lexical dès la 6e) et le résultat disqualifierait l'institution si celle-ci ne se protégeait pas par un épais brouillard rhétorique. Beaucoup de ceux qui, comme l'on dit, sont
10 victimes de «l'échec scolaire» sortent de l'école sans un minimum de connaissances élémentaires, ceux-là même qui réussissent et accèdent à l'université apparaissent souvent incultes et désarmés. Le naufrage des humanités a fait des étudiants d'aujourd'hui des voyageurs sans bagages. L'école n'assure plus ou assure mal la transmission de notre héritage: la langue, les grandes
20 œuvres, les références historiques. Elle délivre un savoir en miettes, sans ordre, sans repère, sans idée d'excellence ni respect de notre patrimoine. Comment alors s'étonner que nos étudiants apparaissent démunis et vulnérables, avec pour toute armature les idées molles et débilitantes qui sont celles de l'esprit du temps: le relativisme du vrai et du faux, du bien et du mal, la tolérance
30 universelle (à l'exception du racisme, du «fascisme», etc.), l'absence de tout absolu sinon celui de la liberté individuelle.

La raison profonde de cette crise, ce sont ces idées elles-mêmes qui ont pénétré l'enseignement et qui ruinent l'idée même d'éducation. Si le vrai est simple affaire d'opinion, si le bien est simple affaire de préférence, Platon,
40 Pascal ou Rousseau n'ont plus rien à nous dire de sérieux. Si toutes les opinions se valent, à quoi bon franchir les étapes de la connaissance littéraire et philosophique? L'enseignement n'a plus à nourrir les âmes, il n'a d'autre fonction que la transmission d'un savoir technique.

Les sciences dites exactes ont pris une place envahissante à l'école, écra-
50 sant les autres disciplines. Bien entendu une certaine formation scientifique est nécessaire pour tous, et cette formation doit être approfondie pour ceux qui ont les facilités qu'il faut. Mais contraindre tous les enfants à suivre un programme ambitieux en ces matières est du gaspillage. Beaucoup en souffrent et n'en tirent aucun profit. Et que penser d'un système qui, à partir de la première,
60 invite fermement tous les bons élèves ou presque à se rallier aux sections scientifiques, comme si ces seules matières étaient dignes d'eux? Ce culte des sciences n'est évidemment pas neutre, il traduit en quelque sorte la victoire du monde sensible sur le monde intelligible. Les sciences ont de grandes vertus, mais elle ne répondent pas aux questions essentielles et en particulier à celles qui
70 concernent le bon usage des sciences. Comme nous l'avons tous appris, naguère, à l'école, «science sans conscience n'est que la ruine de l'âme».

SUMMARISE   the message of this article in no more than 50 words.

/   Vous êtes Partenaire A.
En travaillant avec Partenaire B, qui ne fait pas d'études littéraires ou historiques, justifiez celles-ci et essayez de lui faire comprendre son erreur. Il se défendra comme il pourra.

Rédaction/Débat

«Science sans conscience n'est que ruine de l'âme».

Ceux qui recrutent pour les grandes entreprises ne veulent pas de candidats «incultes et désarmés», «démunis et vulnérables». Préparez un paragraphe que vous pourriez inclure dans une lettre de demande d'emploi qui démontre que vous n'êtes pas un «voyageur sans bagages» dépourvu d'intérêts autres que techniques.

Les Bacheliers ne sont pas des idiots
1   How do candidates for the baccalauréat compare with those of a generation ago?
2   What specific criticism is made of the syllabus?
3   What is meant in this context by 'lack of backbone'?
4   What is said to be the basis of French culture?
5   Why does the interviewer suggest that the speaker is a voice in the wilderness?
6   What has the speaker's subject to do with watching soap operas?
7   In what way do parents make life difficult for teachers?
8   How does the speaker estimate the value of a student of literature as compared with a student of science?

EXPLAIN   (i.e. do not just translate) the following phrases in order to show their meaning taken in context:
a) incultes et désarmés (l.14)
b) le naufrage des humanités (l.15)
c) un savoir en miettes (l.21)

d) l'absence de tout absolu (l.31)
e) toutes les opinions se valent (l.41)
f) une place envahissante (l.49)
g) la victoire du monde sensible sur le monde intelligible (l.66)

L'éducation à vendre?

UNIVERSITES

HALTE A LA SELECTION PAR L'ARGENT

LES DROITS D'INSCRIPTION A 5000F.!

Vous avez bien lu. Nous proposons de passer les frais d'inscription à l'université à 5 000 F par an... Et en plus, on va avoir le culot de vous dire et j'espère vous le démontrer, que c'est pour votre bien et pour celui de l'institution universitaire, que ça ne coûtera pas cher et que ça rapportera gros !... Partant de l'état des lieux actuel, il nous est apparu qu'il fallait repenser profondément la démocratisation de l'enseignement supérieur. Nous savons bien sûr qu'elle est très dépendante de ce qui se passe en amont, dans l'enseignement primaire et secondaire, où s'opère l'essentiel de la sélection sociale et culturelle. Mais notre parti est ici de répondre concrètement à la situation de ceux, beaucoup trop nombreux, qui obtiennent leur bac et, faute de moyens financiers, ne peuvent poursuivre des études supérieures, ou les abandonnent en chemin. Construire l'université pour deux millions d'étudiants impose d'apporter une réponse au problème de financement des universités et des étudiants.

On a souvent présenté la gratuité (ou la quasi-gratuité) de l'enseignement supérieur comme une garantie pour sa démocratisation et le libre accès de chacun à l'université. Cependant, 25% seulement d'une classe d'âge a accès à l'enseignement supérieur, et la répartition par critères d'origine socio-profession-nelle fait apparaître d'importantes dis-parités au bénéfice des catégories les plus favorisées.

En effet, on ne trouve que 13% d'enfants d'ouvriers à l'université, alors que 29% des jeunes ont un père ouvrier. En revanche, on y compte 32% d'enfants de cadres supérieurs et de professions libérales, alors que leurs parents ne sont que 9,6%! C'est pour-quoi on parle souvent d'une pyramide inversée à propos de la répartition des étudiants.

Le coût d'un enfant qui poursuit des études est élevé. Pour beaucoup de parents, l'alternative sera soit de se trouver dans l'impossibilité de suivre financièrement, soit d'orienter leurs enfants vers des études courtes, directe-ment «productives». Pour l'étudiant, cela se traduit le plus souvent par le fait qu'il n'a pas le droit à l'échec. Faire son DEUG en trois ans devient un luxe. Une erreur d'orientation, un privilège. Sur 10 étudiants entrant à l'université, 4 la quitteront sans diplôme, et le plus sou-vent parce qu'au-delà du problème d'orientation et de niveau scolaire, ils ne pouvaient pas se permettre d'hésiter, d'échouer puis de repartir pour enfin réussir.

Voici alors le recours aux petits bou-lots qui doivent parfois être gros et pénibles et qui pénalisent l'étudiant lors-qu'ils sont autre chose qu'un job de vacances. Et l'on revient à la case départ, avec la hantise de l'échec, le décourage-ment et l'abandon.

Ajoutons que l'organisation des cours de fac permet mal de trouver des boulots stables, et que 2,5 millions de chômeurs ne créent pas un contexte favorable.

On considère à juste titre les études comme un investissement qui assure un meilleur emploi et une meilleure qualité de vie. Alors, pourquoi ne pas les réaliser
10 à crédit, comme on le fait pour une maison et bien d'autres choses moins utiles et durables? Ne pas raisonner ainsi, c'est d'une certaine façon ne pas faire confiance à la formation que l'on reçoit ou à celle que l'on donne. C'est donc avouer que quelque chose ne fonctionne pas dans le système.

D'autres diront que cette proposition poussera les gens vers des études
20 «utilitaires» et directement productives... Que cela donne à certains plus de réalisme ne me semble pas plus mal. Quant à ceux qui entreprennent des études par passion, ils continueraient à le faire, dans de meilleures conditions...

Ces prêts spéciaux, dits prêts «d'études», seraient d'un montant maximum de 20 000 F par étudiant et par an. Ils ne pourraient être refusés à tout
30 étudiant en faisant la demande, du moment qu'il serait inscrit dans l'enseignement supérieur et pas seulement en université. L'étudiant ne pourrait redoubler qu'une seule année dans son cursus (une licence devrait être obtenue au maximum dans les quatre ans), cela pour éviter les abus. Le remboursement s'effectuerait à partir du premier emploi; mais le délai irait à dix ans, comme dans
40 les prêts immobiliers. Quoi de plus normal que de faire des études en cinq ans et de les rembourser en dix ans, puisqu'on a ainsi financé l'acquisition d'une formation dont la «jouissance» devrait être largement supérieure ou égale à dix années (cf. immobilier)? On pourrait parfois se tromper. En immobilier aussi...

Ce projet peut avoir plusieurs mérites:
50 il rompt avec les vieux poncifs de «l'étudiant au rabais», de «l'étudiant assisté», et bien sûr éliminera les fameux, mais surévalués, «étudiants bidons» qui ne s'inscrivent que pour les «avantages annexes». Il responsabilise davantage l'étudiant et, du coup, l'institution universitaire, qui devra rendre de vrai comptes à de vrais consommateurs d'éducation. Il donne ainsi plus de pou-
60 voir et de poids aux étudiants et à leurs représentants.

Explication: DEUG = Diplôme d'études universitaires générales, épreuve qu'on passe normalement à la fin de la deuxième année d'études universitaires.

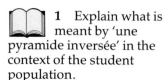

1   Explain what is meant by 'une pyramide inversée' in the context of the student population.
2   What is the effect on a student of financial pressure on his/her parents?
3   What are the principal causes of the 40% drop-out rate at university?
4   In what way does the writer use mortgages and hire purchase in his argument?
5   On what conditions would loans be issued?
6   Summarise the arguments in favour of this system as set out in the last paragraph.

    1   Faites une liste des problèmes auquel l'étudiant fait face sous le système actuel. Faites une liste des problèmes auquel l'étudiant ferait face sous le système envisagé ici. Comparez vos listes avec celles d'un partenaire et racontez vos conclusions à votre professeur.
2   Faites une liste des arguments en faveur des prêts aux étudiants. Faites une liste des arguments contre les prêts aux étudiants. Comparez vos listes avec celles d'un partenaire et racontez vos conclusions à votre professeur.
3   Préparez une réponse à la question suivante: Est-ce que vous acceptez de rembourser le coût de vos études universitaires? Justifiez votre réponse. Attention! On vous posera des questions supplémentaires si votre justification paraît insuffisante à vos camarades de classe ou à votre professeur.

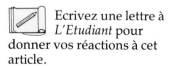   Ecrivez une lettre à *L'Etudiant* pour donner vos réactions à cet article.

DEUXIÈME PARTIE

Déboucher des fausses pistes

En pleine forme?

Comment garder la forme toute l'année, avec un programme de travail de 40 heures et plus ? Pour ceux et celles qui auront à affronter le bac d'ici à l'été, il n'est pas trop tôt pour y penser. On ne décrochera pas la timbale à coup de petites pilules miracles absorbées en masse dans la dernière ligne droite.

SPORTEZ-VOUS BIEN!

L'obstacle principal à surmonter: la fatigue. Les lycéens s'en plaignent tous et rêvent du remède qui les rendra dynamiques sept jours sur sept. La fatigue est la pire et la meilleure des choses. Rien ne serait plus vain que de vouloir l'éliminer totalement. Elle est le clignotant indispensable pour prévenir du moment où le corps et l'esprit ont droit à un repos légitime. Tous les excitants, du café aux amphétamines, en supprimant les signaux, ne permettent plus d'évaluer les limites de l'organisme et se payent par une fatigue différée mais plus grande.

15–18 ans, c'est le moment où le rythme de vie s'organise différemment. que ce soit pour affirmer son autonomie, faire face à un travail scolaire ou simplement pour s'accorder un long moment de détente en fin de journée, beaucoup de jeunes ont tendance à se coucher tard, souvent plus tard que les adultes. Or, les poussées de croissance, les modifications hormonales qui interviennent à cet âge entraînent un accroissement du besoin de sommeil.

Même avec un bon sommeil on n'évitera pas toujours le coup de pompe en pleine journée, l'insurmontable envie de dormir qui vous tombe dessus vers 3 heures de l'après-midi. Inutile de s'acharner sur son équation quand on pique du nez ou qu'on suffoque sous les bâillements, disent les médecins. Mieux vaut faire un *break* régulièrement, ranger ses affaires, écouter un disque ou faire un tour du pâté de maisons. En évitant les tentations classiques: allumer une cigarette ou foncer sur le frigidaire.

Pas toujours respectueux des règles du sommeil, à 15–20 ans on devient carrément anarchique quand il s'agit de se nourrir. Grégory, 17 ans, affronte tous les matins ses dix km en vélomoteur, l'estomac vide: «Impossible d'avaler quoi que ce soit avant 10 heures. A ce moment-là, je croque une pomme si je ne l'ai pas oubliée dans la corbeille de fruits. Sinon, j'attends le ventre dans les talons l'heure de la cantine.» Et pourtant, le petit déjeuner doit apporter à l'organisme le quart des calories et des protéines dont il aura besoin dans la journée. Ainsi armé, on doit pouvoir éviter le coup de barre de 10 heures. C'est évidemment quand le petit déjeuner se prend en famille, autour d'une table et sans précipitation, qu'il a le plus de chance d'être complet et équilibré.

Les manques du petit matin ne sont pas forcément corrigés le midi. Aux contraintes de la cantine, beaucoup préfèrent le café du coin ou le fast-food. Sur 800 fast-food, 500 se sont ouverts ces trois dernières années. Ils ont tout pour plaire: un look outre-Atlantique, la possibilité de manger avec ses doigts, la présence de frites et un prix modique. Malheureusement, ils bousculent les

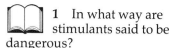

1   In what way are stimulants said to be dangerous?

2   Why is it particularly bad for teenagers to have late nights?

3   What is liable to happen at 3 p.m. and what solution is proposed?

4   Why is Gregory quoted as an example of a teenager who does not follow good nutritional practice?

5   What is the argument against fast food and what positive advice is given?

6   In what way should school sport be supplemented?

Exprimez autrement

En tenant compte de leur contexte dans l'article ci-dessus, exprimez autrement en français les expressions suivantes. On vous propose une façon de commencer, mais ce n'est pas forcément la seule.

1   sept jours sur sept (**24**, 04) [tous/toute/tout . . .]

2   ont droit à un repos (**24**, 09) [ont le . . .]

3   affirmer son autonomie (**24**, 17) [montrer . . .]

4   le coup de pompe (**24**, 28) [le besoin . . .]

5   inutile de s'acharner (**24**, 31) [ce n'est pas . . .]

6   faire le tour du pâté de maisons (**24**, 36) [se . . .]

7   on devient carrément anarchique (**24**, 41) [on fait . . .]

8   le coup de barre (**24**, 55) [la sensation . . .]

9   supprimez les frites (**25**, 04) [ne . . .]

règles de base de l'équilibre alimentaire. Un conseil des nutritionnistes à ceux qui ne peuvent éviter ce mode de restauration: supprimez les frites et les tartes, remplacez-les par des fruits ou une crudité et troquez le coca-cola, trop riche en sucres rapides, contre du lait.

«Pour garder la forme, deux règles simples», affirme Alain Duvallet, médecin 10 à l'hôpital Cochin, «une alimentation équilibrée et des exercices physiques réguliers. Les deux heures de sport par semaine du lycée ne suffisent pas. Il est souhaitable qu'un jeune puisse se choisir un sport et le pratiquer au moins une fois par semaine, avec une préférence pour les sports d'endurance: natation, jogging, vélo.»

Bien sûr, ce n'est pas si simple. Nous 20 avons tous, jeunes et adultes, une grande exigence de confort et l'effort, ce n'est pas facile. En tout cas, il n'est jamais trop tard pour commencer.

/ 1 Demandez à votre partenaire quelles sont ses habitudes dans le domaine du sommeil, de la nutrition, du travail l'après-midi, de l'exercice physique.
– Dites-lui quelles sont les vôtres.
– Discutez dans quelle mesure vos habitudes correspondent à celles qui sont recommandées dans cet article, et quels conseils vous devriez suivre.

2 Regardez les résultats d'un sondage sur l'EPS, la fatigue et le moral des lycéens.
– Répondez aux questions du sondage et comparez vos réponses avec celles de vos camarades de classe.
– Essayez d'expliquer les témoignages des jeunes Français.
– Avez-vous éprouvé les mêmes sentiments? Pourquoi?
– Est-ce qu'il est possible d'éviter les coups de cafard? Comment?/pourquoi pas?

Quels sont les mois* où vous vous sentez plus fatigué(e)?

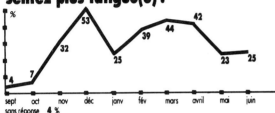

sans réponse 4 %

Quels sont les jours* où vous vous sentez plus fatigué(e)?

sans réponse 10 %

Entre les cours et le travail personnel, la semaine du lycéen dépasse largement les cinquante heures. Le score des « fatigués » est impressionnant : 96 % des lycéens disent éprouver de la fatigue en classe et particulièrement certains mois. *(Total > 100 %)*

Au lycée, l'heure d'EPS c'est :

	%
un moment de détente	65
une corvée	12
un cours comme un autre	20
sans réponse	3

Faites-vous du sport en dehors du lycée?

	%
oui	64
non	34
sans réponse	2

Si oui, combien de temps y consacrez-vous par semaine?

	Ensemble %	G %	F %
1 h	9	7	11
2 h	23	21	26
3 h	16	16	17
4 h	18	16	20
5 h	10	12	8
6 h	7	7	6
7 h	2	3	2
8 h	3	4	2
9 h et plus	9	13	4
sans réponse	3	1	4

Vive la gym au lycée. 65 % des lycéens la considèrent comme un moment de détente. 6 % seulement s'en font dispenser. En dehors du lycée, 64 % font du sport, les garçons étant plus nombreux que les filles à pratiquer. Le quart des lycéens consacre plus de 6 heures par semaine à leur sport favori!

Coups de pompe, coups de cafard, vos témoignages :

■ *Je ne vois que du brouillard (fille, 17 ans).*

■ *Je me sens vide, j'ai du mal à me concentrer, mon attention décline (garçon, 17 ans).*

■ *J'ai envie de changer d'air, j'en ai ras le bol (fille, 16 ans).*

■ *J'ai les nerfs qui me lâchent un peu, je me pose des questions : où vais-je ? où ça va me mener ? (garçon, 19 ans).*

■ *J'ai envie de mourir, de tuer tout le monde, sauf mon chat car il me réconforte (fille, 16 ans).*

■ *Il y a trop de cours, j'ai l'impression d'être une oie qu'on veut gaver (garçon, 19 ans).*

■ *Je me demande ce que je fais à l'école. Je veux tout arrêter et me former sur le tas (garçon, 20 ans).*

■ *J'ai mal au dos et le vague à l'âme (garçon, 18 ans).*

■ *Je pleure pour un rien (fille, 18 ans).*

Dans l'ordre, les symptômes le plus souvent cités sont pour la fatigue : l'envie de dormir, la mauvaise concentration, la paresse, les maux de tête. Pour la déprime : le doute, l'envie de tout lâcher, l'envie de ne rien faire.

Comment vont les lycéens?

Après avoir été très élevée dans l'après-1968, avoir décru dans la fin des années 70, la consommation de tabac et d'alcool est de nouveau en forte hausse, sans pour autant atteindre les tristes niveaux records de la première période. Certains caractéristiques nouvelles apparaissent: les filles rattrapent les garçons (tabac) et s'en rapprochent (alcool); les filles des LP
10 sont celles qui fument le plus. A l'âge du lycée, les garçons qui fument plus de dix cigarettes par jour deviennent quatre fois plus nombreux, les filles deux fois. Peu de vin au quotidien, en revanche, mais les alcools, si forts qu'ils soient, font recette dans les moments de fête, en famille ou entre amis. Relativement stable chez les lycéennes, la consomma-tion quotidienne d'alcool triple chez les
20 lycéens et les ivresses répétées doublent. La bière rencontre un succès croissant. C'est désormais la boisson préférée de 71% des garçons et de 20% des filles. «Les jeunes assimilent de plus en plus la bière aux sodas. Elle est de moins en moins perçue comme un alcool», constate, préoccupé, un professeur de psychologie, «Un lycéen sur quatre, une lycéenne sur cinq ne voient d'excès qu'à
30 partir du quatrième verre.» En matière de drogue, en revanche, peu de situa-tions graves parmi les lycéens. Les fumeurs occasionnels de haschisch paraissent nombreux, au point qu'il devient parfois difficile, dans les conver-sations lycéennes, de savoir ce que «fumer» veut dire.

La grande majorité des lycéens jugent «débiles» les réactions des adultes qui
40 confondent, dans la même frayeur, les drogues dures et les autres. Ils sont à la recherche d'un «bon usage» de la drogue, qui leur permettrait de se donner des moments de plaisir intense sans se détruire. On dit «trouver ses limites» tout en reconnaissant que certains ont bien du mal à y parvenir: «Celui qui a dans la peau le goût de boire ou de fumer est grillé d'avance. Il ne pourra pas s'arrêter.
50 Et on ne peut pas savoir avant si on sera dans ce cas.»

La conscience du danger ne dissuade cependant qu'un petit nombre de tenter l'expérience. De toute manière, à cet âge, tant que le moral est bon, le physique est sans importance réelle. «Quand on dit qu'on ne se sent pas bien», explique un lycéen lillois de terminale, «c'est surtout moral. Si c'est physique, on n'en parle
60 pas. D'ailleurs, ça ne compte pas.»

Les maux et les malaises apparais-sent le plus souvent quand l'adolescent est inquiet par rapport à lui-même et lorsqu'il éprouve des difficultés à s'affir-mer ou à communiquer. Si son mal-être s'amplifie, il va l'exprimer autant par ses comportements que par des maladies. La désinvolture face à sa santé, toujours plus ou moins joyeuse, pleine d'énergie
70 vitale, cède alors la place à des formes plus ou moins nettes d'autodestruction. «Ils se sabordent», dit gravement une professeur, attentive et désolée devant quelques élèves qui fument et boivent de plus en plus, se nourrissent de façon toujours plus anarchique, et désertent peu à peu la classe. Mais ils ne seraient qu'une petite minorité chez les lycéens, de l'ordre de un sur dix. Ceux-là sont
80 véritablement en mauvaise santé. Et en danger.

Explication: LP = Lycée polyvalent

SUMMARISE the article in about 150 words in English.

/ En discutant avec un partenaire:
1 Comparez la situation telle qu'elle est décrite dans cet article avec celle qui existe dans votre pays. Croyez-vous qu'elle soit aussi inquiétante chez vous qu'en France?
2 Dites ce que vous pensez de la réaction des parents.
3 Discutez de l'affirmation de l'étudiant qui trouve que «le physique est sans importance réelle». Etes-vous d'accord?
4 Qu'est-ce qui provoque les maux et les malaises chez vous?
5 Expliquez en quoi consiste le danger dont on parle à la fin de l'article.

Mal dans sa peau

Jusqu'au XIXe siècle, l'adolescence est restée ignorée. Dès la puberté, il fallait s'intégrer vaille que vaille dans le monde des adultes. Les romantiques ont été les premiers à parler de cet âge indécis, mais il faudra encore un siècle pour que l'adolescence cesse d'être l'âge ingrat qu'il faut quitter au plus vite.

10 Les psychiatres et les psychanalystes ont donné ses lettres de noblesse à l'adolescence et un certain nombre de clefs pour la comprendre. La fameuse «crise de l'adolescence» est devenue un parcours mieux connu, même si les embûches sont toujours aussi nombreuses.

Il y a bien des renoncements, à commencer par l'image idéalisée de ses parents. On a besoin à la fois de les haïr 20 et de les aimer, de les faire tomber du piédestal où on les a installés et de préserver des liens affectifs indispensables. Il faudra aussi quitter le monde de l'enfance, cette bulle protégée où les rêves font la loi. Or, la réalité apparaît trop souvent comme faite de valeurs absurdes. «Le soir, mes parents sont trop fatigués pour discuter, pour s'intéresser à quelque chose ou pour sortir. 30 Ils sont mornes. et dans la journée, ils font un travail qui les ennuie. A quoi cela leur sert-il de travailler pour vivre puisqu'ils ne vivent pas. C'est trop bête. Si c'est ça être adulte, je refuse tout de suite», explose Nathalie.

«Qui suis-je?» se demande l'adolescent. «Et si je n'avais pas de personnalité? Et si je n'avais pas de caractère?» Questions angoissantes surtout quand 40 on ignore que cette confusion est tout simplement normale.

Comment les jeunes traversent-ils sans trop de casse cette période de tempête? Le plus souvent en adoptant toute une série d'attitudes positives et valorisantes. En exerçant son intelligence qui se développe, en découvrant le monde, en se donnant à des activités culturelles et artistiques...

50 Autre besoin vital: la relation avec les autres. C'est le temps des amitiés fortes de l'ami intime à qui on dit tout et des copains. A l'inverse, pour des raisons qui tiennent à l'enfance, au milieu familial et social, à l'histoire personnelle de chacun, il arrive que les conflits soient trop aigus. C'est alors le désintérêt, la déprime ou la violence contre soi ou contre les autres.

«La déprime, oui je connais», soupire 60 Françoise, élève de terminale, rencontrée dans un lycée de banlieue parisienne. «Cela me tombe dessus plusieurs fois par an, surtout l'hiver. Et mes lectures n'arrangent rien. Dans les livres, ça bouge. Les personnages vivent, bien ou mal, mais ils vivent. Il leur arrive des trucs. Dans ma vie, il ne se passe jamais rien. Le lycée, la maison et rien d'autre. Quelle tristesse!»

70 Il n'est pratiquement pas d'adolescence sans moment d'apathie, de perte d'intérêt pour soi et pour les autres. Mais ils sont généralement momentanés, alternant avec des périodes d'enthousiasme et d'excitation. Toute la difficulté est de distinguer les périodes de déprime ou d'agressivité, normales à l'adolescence, de troubles plus pathologiques. Pour les médecins, le repérage du 80 «normal» et du «pathologique» pose des problèmes plus complexes à l'adolescence qu'à tout autre âge de la vie. Le comportement des adolescents présente, en effet, à certains moments des traits qui, chez les adultes, seraient considérés comme pathologiques. Une fugue isolée, de courte durée, sans autre symptôme peut être sans gravité. Ce n'est pas dans son outrance, mais plutôt 90 dans son caractère répétitif que doit être recherché le caractère inquiétant d'un comportement.

SUMMARISE   the passage by answering briefly the following questions in English:
1   What image of adolescence existed for a century after the Romantic era?
2   In what way is the 'crisis of adolescence' said to have changed?
3   In what sense does the adolescent abandon his/her image of parents?
4   Why does Nathalie question the purpose of working for a living?
5   How do most adolescents emerge without severe problems?
6   What causes depression in some?
7   What distinction is made between 'normal' depression and the pathological variety?

TRANSLATE   the last paragraph from 'Pour les médecins...' to '...d'un comportement'.

Exprimez autrement

En tenant compte de leur contexte dans l'article ci-dessus, exprimez autrement les expressions suivantes. On vous propose une façon de le faire, mais vous en trouverez peut-être d'autres encore.
1   vaille que vaille (l.03) [coûte...]
2   au plus vite (l.08) [le...]
3   à la fois (l.19) [en/au...]
4   les rêves font la loi (l.24) [ce sont...]
5   à l'inverse (l.53) [d'autre...]
6   mes lectures n'arrangent rien (l.63) [les livres...]
7   il leur arrive des trucs (l.66) [ils ont...]
8   moment d'apathie (l.71) [sentiment...]

Un Français sur cinq est touché par la dépression.

La crise d'adolescence
1 In what way does adolescence involve a risk?
2 Why is the adolescent curious about others of his or her age?
3 What is the adolescent said to lose?
4 Why does the adolescent need to test out his or her parents?
5 Why does the family try hard to dispel his or her depression?
6 What is the significance of a deterioration in schoolwork?

1 Partenaire A pose des questions à propos de la discipline imposée par les parents, les professeurs, la société; Partenaire B répond.
2 Voulez-vous plus de liberté? Dans quel domaine? Pour quoi faire?
3 Que pensez-vous de la vie que mènent vos parents, vos professeurs, les amis de vos parents, les parents de vos amis?

– Envisagez-vous d'accepter une vie pareille?
– Est-ce qu'il existe d'autres possibilités?
4 Qu'est-ce qui vous met en état de dépression?

Vous venez de vous disputer très sérieusement avec vos parents. Ecrivez à votre correspondant(e) français(e) pour expliquer la situation. Demandez-lui s'il/elle a éprouvé des sentiments pareils.

A votre santé!

A «l'alcool tue» de la médecine répond une autre terminologie populaire. L'«eau de vie», c'est tout un programme. Le «à votre santé!» qui accompagne les verres entrechoqués est un peu plus qu'un vœu: une profession de foi. Le grog soigne les refroidissements, le cognac réchauffe, l'ivresse est aphrodisiaque. A l'inverse des potions nauséabondes des docteurs, il se consomme avec plaisir, s'achète sans ordonnance et à bas prix.

Sa magie est renforcée par la ritualisation dont il est l'objet. Pour l'enfant, le droit au vin symbolise une participation au monde adulte. Intronisation progressive, la plupart du temps. Dans les familles où le vin fait partie des repas quotidiens, l'initiation est plus naturelle.

Etape ultérieure du rituel: l'excès. Selon une enquête récente, alors que 90% des jeunes de quatorze ans n'ont jamais été ivres, ce chiffre tombe à 50% à seize ans et à 20% à dix-huit ans. Les premières soûleries ont lieu loin des yeux des parents, sur fond de rock ou de disco. Il s'agit à la fois de trangresser les normes familiales de tempérance et de préparer l'adhésion au monde adulte. «Ma première cuite», se rappelle Michel, «je l'ai prise l'année de mon bac, dans une boum de lycéens. Il y avait du whisky. C'était manifestement trop fort pour nous, et personne n'aurait pu le boire pur. Mais il restait la solution de le mélanger à du Coca-Cola ou du jus d'orange. Naturellement, j'ai été malade, mais j'étais quand même persuadé d'avoir gagné un certain prestige.» Eric, seize ans, est un adepte de ces soirées où les paris stupides vont bon train: «Il y a toujours deux imbéciles pour organiser un concours de boisson. Dans l'ensemble, on ne boit pas beaucoup, mais on s'arrange pour avoir l'air bourré.»

Simuler l'ivresse: un comportement qui en dit long sur le rôle, à cet âge, de l'alcool. L'initiation n'est pas toujours sans lendemain: on ne découvre pas impunément les plaisirs de la bouteille. Selon l'enquête, 88% des jeunes gens de dix-huit ans interrogés ont été rendus «joyeux, intéressants ou fiers» par leur ivresse. Les autres s'en sont trouvés ridicules ou ... malades.

Dans l'imaginaire d'un adolescent, l'endurance est aussi un signe de virilité auquel les filles sont moins perméables. Celles-ci recherchent davantage dans l'alcool un stimulant ou un euphorisant. A

quinze ans, Claire n'est pas, selon son expression, un «pilier de boum». Mais, quand elle s'y hasarde, elle n'hésite pas à boire autre chose que du jus d'orange: «Après deux ou trois verres de sangria, je me sens beaucoup mieux. je suis moins gênée pour danser ou parler avec des gens que je ne connais pas trop.»

10 Face à la difficulté d'être adolescent, l'alcool n'offre pas seulement un billet pour l'univers des grands. Il procure des instants d'euphorie et de confiance en soi. Le premier vrai contact avec lui se produit à un âge d'instabilité et de malaise. Le plus souvent, on en restera là. Sans doute, nombre de jeunes sont-ils devenus étudiants alors que leurs aînés, au même âge, étaient des travailleurs déjà stables. Sans doute, une relative
20 liberté des mœurs favorise-t-elle parfois les excès. Sans doute faut-il s'abstenir de chercher des causes mécaniquement sociales. Il n'en reste pas moins que la crise économique, le chômage et l'incertitude que subit la jeunesse ne l'incitent pas à chercher son salut dans l'eau gazeuse. «Le jeune», reconnaît le docteur Thomazi, membre du Haut Comité de lutte contre l'alcoolisme, a l'impression
30 d'être enfermé dans un monde sans avenir; et on lui répète qu'il n'a pas une belle perspective, cela au moment où, physiologiquement et psychologiquement, il est fragile. Cet élément intervient dans son choix des boissons alcooliques, sources de plaisir et d'oubli.»

Qu'il se fasse en famille, entre adolescents ou sous les drapeaux, l'apprentissage de l'alcool ne suffit pas à expliquer
40 son omniprésence. Tous les pays occidentaux connaissent son usage, et même son abus. Mais nulle part plus qu'en France il ne préside à chaque instant de la vie sociale. Au repas, aux soirées entre amis, aux fêtes, il est l'indispensable accessoire de toute réunion récréative. Son usage n'est pas seulement toléré. Il est valorisé par le savoir-vivre et codifié par le bon goût.
50 Tout, dans nos habitudes alimentaires et sociales, nous pousse à nous tourner vers lui.

1 Why is the expression 'Your health!' described as a 'profession of faith'?
2 Explain the phrase 'intronisation progressive'.
3 What rôle does the family sometimes play in creating alcoholism at an early age?
4 Why did Michel start drinking whisky?
5 What different attractions does alcohol hold for boys and for girls?
6 What link is implied between drinking and the 'awkward age'?
7 In what way have changes over a generation affected drinking habits?
8 Translate the last paragraph.

Répondez aux questions suivantes:
1 Quelle est la signification de l'expression «une profession de foi»?
2 Dans quel sens est-ce qu'on «intronise progressivement» l'alcool?
3 De quelle façon est-ce que les parents peuvent être responsables de l'alcoolisme chez les jeunes?
4 Expliquez la phrase «Simuler l'ivresse: un comportement qui en dit long sur le rôle, à cet âge, de l'alcool.»
5 Croyez-vous que l'auteur ait raison en disant que les «signes de virilité» dont il parle sont imaginaires?
6 Est-ce que vous avez bu pour les raisons citées par Claire? Quel en a été le résultat?
7 Dans quelle mesure est-ce que les problèmes sociaux ont incité les jeunes à boire? Etes-vous d'accord avec l'auteur à cet égard? Quelles autres raisons pourriez-vous citer?

8 On dit que la vie sociale en France favorise plus qu'ailleurs l'usage de l'alcool. Croyez-vous que la situation soit différente en Grande-Bretagne? Expliquez vos réactions.

Débat
«Si l'alcool était inoffensif, il perdrait son charme.»

Les chemins de la délinquance

La délinquance des jeunes n'est pas née d'hier. Pourtant aujourd'hui tout le monde en parle, et l'on a vite fait de taxer de délinquant celui qui flirte avec la marginalité. Mais d'abord, qu'est-ce qu'un délinquant?

La loi répond: celui qui commet un délit. On pourrait ajouter: «et se fait prendre». Faut-il pourtant coller cette
10 étiquette sur tous ceux qui transgressent la loi? «A 16 ou 17, on est rarement ancré dans la délinquance», remarque Martine de Maximi, juge des enfants au tribunal de Paris. «Le délit est plutôt le signe d'une mauvaise passe un moment où ça ne va pas. Il n'est pas rare de voir un jeune commettre une cascade de méfaits en quelques semaines puis se calmer.» Il s'agit d'ailleurs d'une petite
20 délinquance, rarement violente. On vole une «Mob», on dégrade les cages d'escalier. On s'en prend rarement aux personnes.

C'est une délinquance masculine – une fille pour neuf garçons – et individuelle ou presque. Les bandes de voyous qui sévissaient dans les années 70 se font rares. On fait les coups tout seul ou à deux ou trois. Pourtant, c'est
30 cette petite ou moyenne délinquance qui est la plus insupportable à la population et contribue pour une part au sentiment d'insécurité. On ne peut nier qu'elle s'amplifie.

On ne naît pas délinquant. On le devient. Toute une série de facteurs peuvent pousser certains jeunes à passer de l'autre côté. Mais rien n'est inéluctable. Aucun adolescent, quel que soit son
40 milieu, n'est voué à la délinquance. L'un s'en sort; l'autre pas. Cela dit – et c'est une lapalissade –, le fils d'alcoolique qui se retrouve sans diplôme et sans travail, paumé dans un grand ensemble, court plus de risques que le fils d'un médecin qui vit dans une cité tranquille de province. Fuir dans la délinquance, c'est souvent fuir une situation familiale insupportable. «Presque tous les jeunes délin-
50 quants dont je m'occupe,» explique Jean-Pierre R., un éducateur de rue, «ont une histoire familiale perturbée. Un père absent, une mère alcoolique, un beau-père brutal, tout cela dans un contexte de bagarre et de drame. La plupart du temps, quelque chose d'essentiel a manqué: l'amour, une autorité cohérente, des parents dont on n'aurait pas honte. Les jeunes qui 'délinquent' ont une
60 image très dévalorisée d'eux-mêmes et de leur famille.»

Après la famille, l'échec scolaire joue un grand rôle dans l'image dévalorisée qu'un jeune peut avoir de lui-même. L'enseignement en France survalorise l'intelligence théorique. En ne reconnaissant pas l'intelligence pratique, manuelle, nous mettons certains jeunes, notamment ceux des milieux défavorisés, en
70 situation d'échec. Alors qu'ils voudraient dès 13–14 ans apprendre un métier concret, on les maintient coûte que coûte devant un tableau noir jusqu'à 16 ans.

Ce sont, bien sûr, ceux-là qui s'entassent dans les grands ensembles à la périphérie des villes où règne l'ennui. Quand le désœuvrement devient trop pesant, on cherche quelle bêtise faire: on
80 casse, on dégrade, on «emprunte» une voiture... La société d'abondance n'est jamais loin. Elle commence au supermarché du coin: «Y a qu'à se servir.» Elle s'étale tous les soirs en publicités tentatrices sur le petit écran.

A des causes bien connues, déjà anciennes, s'en est ajoutée une: la drogue. Son écrasante responsabilité dans la montée de la délinquance est admise par tous, éducateurs, juges, poli-
90 ciers. «On ne maîtrise plus rien,» reconnaît un éducateur. «Les 20–25 ans sont les plus concernés. Face à cette marée déferlante, notre rôle est de plus en plus de repérer la poignée de jeunes qu'on peut tirer de là pour la resocialiser.» Le parcours du «toxico» est fléché comme une descente aux enfers. On commence par le sac de sa mère; on finit par les cambriolages l'après-midi,
100 sans parler de la prostitution. Car autrement, où trouver l'argent pour payer les 800 ou 1000 F d'une dose quotidienne d'héroïne?

SUMMARISE   the article in English in not more than 200 words.

1   What is the difference between the definition of delinquency provided by the law and that suggested by Martine de Maximi?
2   In her definition, what kind of delinquency is (i) typical and (ii) untypical?
3   What change has come about since the 1970s?
4   What outlook on life is seen to be at the root of delinquency?

TRANSLATE   into English the paragraph beginning 'Ce sont, bien sûr . . . ' down to ' . . . le petit écran'.

Exprimez autrement

Exprimez autrement en français:
1   celui qui flirte avec la marginalité (l.04)

2   un contexte de bagarre et de drame (l.54)
3   une autorité cohérente (l.57)
4   la société d'abondance n'est jamais loin (l.81)
5   le parcours du toxico est fléché comme une descente aux enfers (l.96)

Listen to the interviews with three reformed juvenile delinquents and answer the questions below.

Jacques
1   Decribe Jacques' relationship with his parent.
2   Where was he between the ages of 13 and 17?
3   How did he behave there?
4   What sort of qualification did he train for and with what result?
5   After his mother turned him out, where did he usually sleep?
6   What training is he doing now?

Sébastien
1   In what way did he make life difficult for his mother?
2   What was the cause of his first arrest?
3   What was the outcome of his second arrest?
4   Why is he no longer trying to escape?
5   What training is he undergoing?
6   What is his relationship with his parents now?

Daniel
1   What crimes does he admit committing at the age of 12–13 and what does he deny?
2   Why did he originally become involved with drugs?
3   What was his reaction to prison?
4   Why did he not return to his native town?
5   What was his attitude to work at the clothing factory?
6   What is his ambition now?

Une justice adaptée

La justice veut répondre de manière spécifique à la délinquance des mineurs. Elle veut tout faire pour permettre au mineur de retrouver une place dans la société. Pour cela, mieux vaut l'éduquer que le mettre en prison. Une équipe d'éducateurs, de psychologues, d'assistantes sociales cherche à cerner la personnalité du jeune, voir sa famille et proposer une «mesure éducative»: une formation, un stage, un contact suivi avec un éducateur, un placement en foyer. On s'efforce de ne pas éloigner un jeune qui a fait des bêtises de son lieu de vie, ni de sa famille. L'objectif est triple:
– aider l'insertion professionnelle du jeune en utilisant notamment les stages existants et l'apprentissage;
– restaurer la relation avec les parents en les faisant participer le plus possible à l'expérience qui est tentée avec leur enfant et en écoutant également ce que celui-ci dit de son histoire familiale;
– dernière tâche: reconstruire sa personnalité. Deux éducateurs – un homme et une femme – passent un contrat avec lui, lui proposant un projet éducatif qu'il devra respecter. Il peut aussi obtenir l'aide d'un psychologue attaché au foyer ou suivre une psychothérapie à l'extérieur. Mais on a peu de temps. A 18 ans et un jour, on change de catégorie. Plus de juge pour enfants, plus de priorité de l'éducatif sur le répressif. C'est le système des adultes qui s'applique. Et si on a déjà quelques méfaits inscrits à son casier judiciaire, on risque la prison ferme. «On n'est pas sérieux quand on a 17 ans», disait Rimbaud. La Justice répond: «A 17 ans non. Mais à 18, si.»

`*/*` **1** Quel est le sens et la portée des deux dernières phrases de cet article? Qu'est-ce que vous pensez du système judiciaire dans ce domaine? Est-il trop indulgent envers les moins de 18 ans? Pourquoi ce brusque changement, apparemment sans nuances, à partir du dix-huitième anniversaire?

2 Imaginez une conversation entre un garçon ou une fille de 17 ans qui aurait agressé une vieille dame pour voler de l'argent, son père ou sa mère, et un éducateur.

Une faute ça se répare
Listen to the interview with a judge who deals with juvenile offenders and answer the questions below.

1 What is Madeleine Sabatini's principal aim when dealing with a young offender?

2 How does she interpret a juvenile crime?

3 Why does she consider it important to take action as soon as possible after the crime?

4 How does she feel about imprisoning young offenders?

5 In what sense is the judge playing a role which the child's parents failed to fulfil?

6 What is the function of the 'travail d'intérêt général'?

7 Why is Madeleine Sabatini not in favour of 'centres fermés' for young offenders?

8 What would be her terms of reference and conditions if such centres were to be reintroduced?

9 What problem is left unsolved by the approach which she favours?

Drogues: où sont les risques?

Interview de Phosphore: magazine pour les jeunes.

Vous avez tous votre petite idée sur la drogue. La longue conspiration du silence qui a contribué à en faire un mythe n'a plus cours. Cette fois, tout le monde en parle. A tort et à travers, diront les spécialistes. Peut-être, mais au moins on sait un peu mieux que la toxicomanie [10] est une véritable maladie dont on ne guérit pas facilement.

Voici une interview du Dr Aimé Charles-Nicolas, psychiatre spécialisé dans la prise en charge des toxicomanes.

Phosphore: L'opinion fait couramment la distinction entre les drogues douces et les drogues dures, et l'idée traîne un peu partout que le haschich, ce [20] n'est pas vraiment dangereux. Qu'en pensez-vous?

Dr A C-N.: Le terme «drogue douce» est un peu un abus de langage, tout juste bon à être opposé à drogue «dure» dans le sens où ces dernières entraînent une dépendance beaucoup plus rapidement. Mais cela ne signifie pas du tout que le haschich soit un produit anodin. C'est parce qu'il produit une [30] ivresse que certaines personnes le fument. Or, l'ivresse amène une altération du cerveau. On ne connaît pas encore les effets à long terme du haschich, mais on l'a accusé de provoquer des psychoses, un terme savant pour parler de la folie ou des cancers du poumon. Plus couramment, il a entraîné des troubles de la mémoire. C'est vrai [40] qu'il favorise une attitude de passivité vis-à-vis du monde extérieur, qui va accroître les difficultés d'un jeune au lieu de l'aider à y faire face.

Phos.: Tous ceux qui prennent de la drogue ne deviennent pas toxicomanes. Pourquoi certains et pas d'autres?

Dr A C-N.: Pour des raisons qui tiennent à la personnalité du sujet, à son caractère et à son milieu social et familial. Des jeunes, particulièrement anxieux, [50] ayant plus de difficultés que d'autres à se débrouiller avec leurs propres forces, peuvent être enclins à recourir à des forces extérieures qu'ils croient retrouver dans toute sorte de «poudre», alcool, médicaments, drogue, etc.

Phos.: Que peut-on conseiller à un jeune qui a commencé à fumer du haschich?

Dr A C-N.: D'en parler avec ses [60] parents. C'est souvent difficile parce qu'il se sent coupable et qu'il préfère se taire, mais c'est souhaitable. A l'inverse, il peut aussi le dire par défi, par provocation, en «en rajoutant». Quoi qu'il en soit, les parents devront éviter deux attitudes: dramatiser – on n'est pas un drogué parce qu'on a fumé du haschich – ou, à l'inverse, banaliser en s'empressant de déculpabiliser leur fils ou leur fille.

Phos.: Et pour un jeune qui est plus [70] avancé dans la toxicomanie, que peut-on faire?

Dr A C-N.: Malheureusement, on n'a pas encore trouvé jusqu'à présent de méthodes vraiment efficaces pour traiter la toxicomanie. Il faut savoir que c'est extrêment difficile. Le toxicomane est tellement prisonnier de son univers qu'il n'a pas envie d'en sortir. Il a le sentiment [80] que, de toute façon, personne ne peut lui être utile. Il faudra attendre que des événements extérieurs lui jettent à la figure, de façon toujours brutale, qu'il ne peut plus continuer ainsi. Au bout d'un certain moment, marqué par des événements durs, des vols – on commence toujours par ses propres parents –, des cambriolages, des trahisons – on trahit même son meilleur ami –, des incarcéra-[90] tions, quelque chose finit toujours par émerger à la conscience. Ce n'est qu'à ce moment-là, c'est-à-dire au bout de plusieurs années, qu'on pourra tenter quelque chose.

Phos.: Il faut donc que le toxicomane ait la volonté de s'en sortir. Est-ce alors à la médecine d'intervenir?

Dr A C-N.: Tout ou presque reste à faire, car il faudra éliminer la dépendance
10 psychologique. C'est-à-dire à réapprendre et, le plus souvent, appprendre à vivre, à surmonter les difficultés, celles qu'on avait cherché à contourner quelques années avant, et les nouvelles qui viennent de ce long cheminement avec la drogue. Car ce n'est jamais une guérison parfaite. La drogue laisse malheureusement des traces inaltérables. Une fragilité psychologique persistera.

20 **Phos.:** On parle beaucoup de prévention, du rôle des Pouvoirs publics, du rôle des parents, etc. Mais un jeune peut-il déjà lui-même se prémunir contre la drogue?

Dr A C-N.: Oui, et au moins de deux façons. D'abord, il ne doit pas se laisser prendre de court. Il doit y penser avant de se trouver en situation. Il doit se dire: «Si je me trouve en boum, dans une
30 situation où on me propose de la drogue, qu'est-ce que je fais?» Il doit avoir déjà réfléchi au problème et avoir sa réponse prête. Mais le plus important est de trouver en soi la force de faire les choses. En s'habituant à devenir autonome, en ne se laissant pas surprotéger.

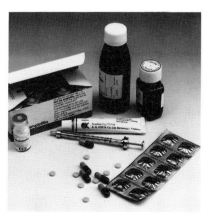

1 For what reason do people smoke hashish and what is the destructive consequence of this?
2 What common long-term effects have been established?
3 Why are certain people more likely to become addicted?
4 What advice is given to parents who know that their son or daughter is smoking hashish?
5 What will eventually induce a confirmed drug addict to seek help?
6 What steps are suggested to prevent a young person from experimenting with drugs?

TRANSLATE the paragraph beginning 'Tout ou presque reste à faire . . . '

Exprimez autrement

En tenant compte du contexte dans lequel chacune de ces expressions est utilisée, exprimez autrement en français:
1 un peu partout (**34**, 19)
2 pas du tout (**34**, 28)
3 y faire face (**34**, 42)
4 ayant plus de difficultés (**34**, 50)
5 «en rajoutant» (**34**, 64)
6 à l'inverse (**34**, 67)
7 de toute façon (**34**, 80)
8 celles qu'on avait cherché à contourner (**35**, 13)
9 se laisser prendre de court (**35**, 26)
10 avoir sa réponse prête (**35**, 32)

1 Répondez en français aux questions suivantes:
a) Quelle est l'attitude des spécialistes vis-à-vis du débat public sur la drogue?
b) Pourquoi est-ce que le docteur critique l'utilisation du terme «drogue douce»?
c) Dans quel sens est-ce que la drogue fournit une solution temporaire aux problèmes d'un jeune?
d) Qu'est-ce qui incite un jeune qui commence à se droguer (i) à en parler avec ses parents ou (ii) à ne pas leur en parler?
e) Quelles sont les difficultés qu'un toxicomane doit surmonter pour s'en sortir?

2 Relisez la question proposée par le docteur dans le dernier paragraphe, «Si je me trouve en boum . . . ». Imaginez la situation suivante: vous êtes en boum et quelqu'un vous propose d'essayer de la drogue.
– Que feriez-vous?
– Que diriez-vous?
– En travaillant avec un partenaire, qui joue le rôle du trafiquant de drogue, essayez de résoudre le problème.

SUPER-PUISSANT ET DANGEREUX

Le crack est un dérivé surpuissant et bon marché de la cocaïne. Il peut causer des attaques cardiaques et cérébrales. Pour le fabriquer, on fait chauffer de la «coke» non raffinée mélangée avec du bicarbonate de soude et de l'eau. Dans un craquement caractéristique (d'où son nom), le mélange se transforme en cristaux marron ou beige. Après les Etats-Unis, le crack arrive en Europe. Un laboratoire a été démantelé près de Cologne. Et cette drogue se vend maintenant à Paris.

TROISIÈME PARTIE

Déboucher dans le monde du travail

FAST-FOOD : JOB SUR MESURE, PARFOIS LOURD A DIGÉRER

Soixante fast-food rien qu'à Paris, plus de sept cents dans toute la France, un chiffre d'affaires en progression constante et des restaurants qui se multiplient comme des petits pains (avec un hamburger dedans !) Tous offrent, à la base, des centaines de jobs à temps partiel pour les étudiants. Il suffit d'avaler le morceau !

Comment s'y prendre pour se faire embaucher dans un fast-food ? Y a-t-il des « trucs », des solutions miracles ? Pour essayer d'avoir une réponse à ces questions cruciales, j'ai tenté ma chance auprès de six grands groupes de restauration rapide : Free-time, Manhattan-Burgers, Quick, la Croissanterie, Burger King et O'Kitch. Coup de fil, à leur service du personnel. Ça commence mal : aucune indication par téléphone sur le salaire d'embauche et les conditions de travail. Les quatre premiers me demandent d'envoyer un curriculum vitae au siège social. « *Vous aurez forcément une réponse, même négative* ». Deux mois plus tard, je l'attends encore ! Explication a posteriori des services concernés : les demandes écrites sont transmises à chacun des restaurants... qui, faute de secrétariat ne peuvent généralement pas y répondre. On l'aura compris, la seule manière vraiment efficace de se faire embaucher consiste à se présenter directement au comptoir. Une méthode que je me suis empressé d'expérimenter.
Direction : les grands boulevards, qui regorgent de fast-food. A chaque fois, je repère le gérant et lui expose ma demande. Seul lui est habilité à indiquer s'il y a ou non un emploi.
Une dizaine de tentatives qui se solderont toujours par la même réponse : « *Repassez le mois prochain.* » Aurais-je eu plus de succès si j'avais fait mes recherches dans une période plus propice à l'embauche ? La réponse est oui. Allez-y plutôt de mars-avril à octobre, et en particulier pendant les vacances universitaires.

ÊTRE LÀ AU BON MOMENT

Restait une solution : profiter de l'ouverture d'un nouveau restaurant. J'ai donc posé ma candidature dans un MacDonald's qui emménageait boulevard Saint-Denis. Une semaine plus tard, j'étais convoqué à un entretien préliminaire. Ma chance allait-elle tourner ? Après une bonne heure d'attente, le « manager » me prend à part et me pose quelques questions générales sur mes études, mon expérience de vente... Je réponds n'importe quoi, inventant les réponses au fur et à mesure. Peine perdue : un mois plus tard ma candidature était toujours « *en attente* »... Une manière polie de dire que je n'étais pas sélectionné. Avais-je donc omis un élément essentiel ? « *Pas forcément, c'est un peu une question de chance,* dit Sylvie qui a été embauchée dans un fast-food près de l'Opéra. Bien sûr, il y a quelques règles à suivre pour forcer le sort : il faut paraître très disponible... même si ce n'est pas forcément vrai, et ne pas dire que l'on n'a l'intention de travailler que quinze jours ou un mois.* »
Question subsidiaire : y a-t-il un « look » spécial fast-food ? « *Nous demandons aux candidats d'être sympathiques et d'avoir une bonne présentation. Un punk ou un garçon ayant des cheveux longs n'a aucune chance d'être embauché* », dit-on chez Burger King. Classique. Les étudiants étrangers (en règle), par contre, ont leurs chances, certaines chaînes entretenant soigneusement leur image multiraciale. Parfois aussi les conditions sont plus définitives : « *Le manager recherche surtout des femmes* », m'a-t-on répondu dans un fast-food des Champs-Élysées...
Agnès, étudiante en première année d'histoire de l'Art, a eu plus de chance que moi : « *J'ai répondu à une petite annonce et je me suis présentée à la réunion d'information. Nous étions quatre-vingts. Le lendemain quinze d'entre nous étaient embauchés. En fait, il suffit d'être là quand on a besoin de toi : inutile de faire sa demande trois mois à l'avance ou de continuer à espérer si on ne t'a pas rappelé après quatre semaines.* »

UN TURN OVER IMPORTANT

Avantage majeur de ce type de travail : l'horaire variable. Les restaurants proposent généralement un « contrat hebdomadaire minimum » (de 10 ou 20 heures, par exemple, chez Quick, de 18 heures chez MacDonald's). L'emploi du temps est ensuite déterminé une semaine à l'avance et peut varier d'une semaine à l'autre.
Après quelque temps on peut augmenter son temps de travail hebdomadaire. Mais attention : il y a roulement des horaires et des tâches. Vous pourrez être affecté dans la même journée à la fabrication des « burgers », à la caisse ou à l'entretien de la salle. Le tout pour un salaire du niveau du SMIC, avec quelques avantages en nature... si tant est qu'un hamburger gratuit soit un avantage... Quant aux horaires, il vous faudra accepter quelquefois de travailler jusqu'à minuit ou 1 heure du matin, voire le dimanche et les jours fériés, cela sans primes supplémentaires.
« *L'ambiance entre nous est plutôt bonne : il nous arrive même d'aller boire un pot ensemble après la fermeture. D'ailleurs, nous sommes une majorité d'étudiants entre 20 et 25 ans. Mais avec la direction c'est autre chose : on sait toujours que l'on peut être remplacé du jour au lendemain à la moindre erreur. Surtout pendant le premier mois : sur les quinze personnes embauchées avec moi, dix sont parties ou ont été virées sous des prétextes divers — Tu es trop lente, tu ne souris pas assez aux clients, etc.* ». Agnès, pourtant, a tenu. Et elle compte encore y travailler quelque temps, faute de mieux. Même si ça ne l'empêche pas, parfois, d'être un peu découragée : « *Par moment on a vraiment l'impression de faire un boulot idiot.* » ∎

Explication: SMIC = Salaire minimum interprofessionnel de croissance

1   Which ways of trying to get a job seem pointless, and why?
2   When is the best time to apply in person?
3   What advice is given about:
– your availability to work
– your appearance
– applying in advance?
4   What information is given about:
– working hours
– working conditions
– pay
– job security?

A partir de ce texte, faites une liste des questions que vous poseriez si vous étiez a) le candidat   b) le gérant d'un restaurant.
– Ensuite, en travaillant avec un partenaire, imaginez la conversation que vous auriez si vous vous présentiez en personne.

Essayez d'abord d'écrire à un fast-food pour vous renseigner et pour poser votre candidature. Il est peu probable qu'on vous réponde! Ecrivez en même temps à un(e) ami(e) français(e) qui a déjà fait ce genre de travail. Vous voulez vous renseigner à propos des meilleurs moyens de vous faire embaucher, savoir s'il y a des «trucs» pour réussir, poser des questions à propos des conditions de travail, du salaire, de l'ambiance, etc.

Une nouvelle race de battants

Il y a actuellement environ un million de jeunes chômeurs en France. 48% d'entre eux, soit 480 000, pensent plus tard créer leur entreprise. Et sur ces 480 000, 96% soit plus de 460 000 sont prêts à sacrifier une grande partie de leurs loisirs (week-ends, vacances …), pendant plusieurs années, pour assurer le lancement de leur propre affaire.

10   C'est la révolution à l'envers. Réconfortante. Car lorsqu'on interroge les parents sur l'avenir de leurs enfants, une majorité d'entre eux souhaitent les voir devenir fonctionnaires. De fait, les jeunes chômeurs apparaissent, dans leur majorité, comme des battants, comme de véritables aventuriers. Ils manifestent une réelle volonté de «s'en sortir». Depuis près de trente ans, les techno-

20   crates s'insurgent contre le manque de mobilité géographique et professionnelle des Français. Cela crée, disent-ils, une «inadaptation de la demande à l'offre de travail». Les Français seraient casaniers. Ce qui a peut-être été vrai. Mais les choses changent. Nous revenons actuellement à une civilisation marchande où les jeunes acceptent de se déplacer pour trouver du travail. C'est capital. Avant, les

30   jeunes chômeurs attendaient que les choses «s'arrangent». Désormais, ils veulent prendre en main eux-mêmes leur propre destin.

Ainsi, les jeunes chômeurs ne constituent pas, au sens strict, une génération perdue. Mais ils sont victimes des erreurs de leurs aînés. Accusés: tous les gouvernements, de droite comme de gauche, qui, depuis près de soixante-dix ans, ont sacrifié l'apprentissage, par ignorance (au

40   mieux) ou par incompétence. Jusqu'à la Première Guerre mondiale, l'apprentissage a bien rempli sa mission. Les apprentis étaient formés dans les entreprises, dans les ateliers. Dans tous les cas, sur le tas. Mais très vite, la «manie de réglementer» a cassé le système. Les fonctionnaires de l'éducation nationale, notamment, au mépris des réalités éco-

50   nomiques, ont souhaité pour le plus grand nombre une formation de «plus en plus élevée», de «plus en plus

polyvalente», de «plus en plus générale»: l'apprentissage est alors devenu suspect. De nombreuses lois ont suivi qui ont contribué à le discréditer un peu plus. Aujourd'hui il est devenu la formation de l'échec. Les jeunes qui ont échoué partout, dans toutes les

60   branches, dans toutes les disciplines y sont affectés. Il y a 210 000 apprentis chaque année en France, dont 150 000 chez les artisans. Mais il n'y a pour ainsi dire pas d'apprentissage industriel. Et les lois françaises limitent pratiquement l'apprentissage au niveau du CAP. La scolarité obligatoire jusqu'à seize ans a contribué à améliorer les statistiques du chômage, mais elle a surtout obligé

70   beaucoup de jeunes à suivre des études qui ne leur plaisent pas. Alors qu'ils auraient peut-être préféré une formation manuelle plus technique, leur assurant un meilleur avenir.

A la question: «En dehors de la crise économique, à quoi est due, à votre avis, votre situation de chômeur?», 29% répondent «au faible niveau d'études»; 27% «au manque de formation profes-

80   sionnelle» et 36% «au manque d'expérience professionnelle».

Explication: CAP = Certificat d'aptitude professionnelle

1 Find a word to describe the attitude of the young unemployed as described in the first paragraph.

2 Explain the criticism of parents implied in the second paragraph.

3 What alleged national characteristic seems to have changed?

4 In what way was early government action against apprenticeship well-intentioned?

5 Explain the expression « la formation de l'échec » as used in this context.

6 Why does the writer attack compulsory schooling up to 16?

7 In what way do the figures in the last paragraph support his view?

Le chômage fait partie de la vie d'aujourd'hui. Il est probable que vos amis et vous auront l'expérience d'une période de chômage. Comment envisagez-vous un avenir où un emploi à plein temps et à vie sera l'exception plutôt que la règle?

Qu'aimez-vous faire quand vous ne cherchez pas un emploi ?	
Ecouter de la musique	51
Regarder la télévision	40
Pratiquer un sport	39
Vous réunir avec des copains	38
Aller vous balader	37
Aller au cinéma	29
Voir votre petit(e) ami(e)	23
Faire les boutiques	22
Lire un roman ou un essai	18
Faire un tour en voiture	16
Faire de la moto	13
Avoir une activité, comme la musique, le théâtre, la photo	13
Participer à une association	8
Jouer avec des jeux électroniques	6
Lire des bandes dessinées	6
Ne rien faire	2
Sans réponse	2
	% (1)

(1) Le total des pourcentages est supérieur à 100, les personnes interrogées ayant pu donner plusieurs réponses.

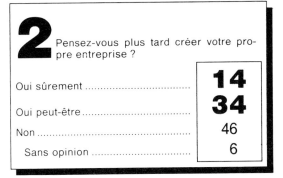

1 Avez-vous le sentiment qu'en règle générale pour un chef d'entreprise un jeune au chômage...

... c'est quelqu'un qui traverse des difficultés mais qui veut s'en sortir	**73**
... ou c'est quelqu'un qui n'est pas très travailleur et qu'on évite d'embaucher	20
Sans opinion	7

Nous voulons créer notre entreprise.

2 Pensez-vous plus tard créer votre propre entreprise ?

Oui sûrement	**14**
Oui peut-être	**34**
Non	46
Sans opinion	6

Nous sommes prêts à déménager.

3 Pour trouver un emploi stable, êtes-vous prêt à aller travailler...

	OUI	NON	SANS RÉPONSE
... dans une autre localité de votre département ... 100 %	**84**	16	—
... dans un autre département de la région où vous habitez ... 100 %	**73**	26	1
... dans une autre région ... 100 %	62	36	2

Votre correspon-
dant(e) vous a écrit
pour vous dire qu'il/elle n'a
plus envie d'étudier. Il/elle a
décidé de quitter l'école. Il/elle
vous demande votre avis. A
l'aide de cet article et des
statistiques, répondez à sa
lettre en essayant de lui
démontrer pourquoi il/elle
ferait mieux de persévérer.

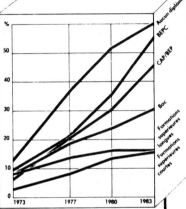

PLUS ON ÉTUDIE, MOINS ON CHÔME

Source : *Données sociales (5ᵉ édition)* et *Bilan-Emploi-Formation*
Évolution du taux de chômage des débutants en-
tre 1973 et 1983 par grands niveaux de diplômes.

**En 1973, les débutants, diplô-
més ou non, étaient à peu près
à égalité sur le marché du travail. Rien de tel aujourd'hui :
sur 100 jeunes, 85 trouvent un
emploi s'ils ont une formation
supérieure; 40 seulement s'ils
n'ont aucun diplôme.**

Les sorties du système éducatif

	EN 1982 830 000		REQUISES EN L'AN 2000 800 000
BAC + 3 et au-delà	10%		25%
BAC + 2	10%		
NIVEAU BAC	20%		20%
CAP, BEP, 2nde, 1re	45%		30%
			20%
SANS QUALIFICATION	15%		
			5%

La population active se renouvelle lentement. Le niveau du baccalauréat est atteint aujourd'hui par moins de 25% des 21,5 millions d'actifs. Il ne sera possible d'atteindre en l'an 2000 le niveau visé, à savoir une population active avec 40% de personnes au niveau du bac, que si l'on accroît notablement le flux de jeunes sortant du système éducatif à ce niveau de formation.

En l'an 2000, 75 % des jeunes devront obtenir le niveau baccalauréat. Cela implique une forte réduction du nombre de jeunes sortant de l'école sans qualification et un passage de 380 000 à 150 000 du nombre de ceux qui sortent chaque année avec le niveau du CAP ou d'un BEP.

Source : *Rapport du Haut Comité éducation-économie : Une autre approche de l'avenir (octobre 1987)*

RÉUSSITE

Mère Térésa : un modèle pour les femmes, que les exploits d'Alain Prost n'intéressent guère.

L'ARGENT AVEC L'ÉPANOUISSEMENT

● *Quelles sont les deux choses que vous attendez en priorité de la réussite ?*

La célébrité	4 %
Le prestige moral	12 %
Le pouvoir	7 %
Le prestige intellectuel	10 %
L'argent	**44 %**
L'indépendance	33 %
L'épanouissement personnel	**48 %**
Le plaisir	23 %
Je ne me sens pas concerné	6 %
Ne se prononcent pas	1 %

Total supérieur à 100 en raison des réponses multiples.

Pour les femmes (54 %), et pour les cadres supérieurs libérés des problèmes d'argent, l'épanouissement personnel est le premier indice de la réussite. Pour les ouvriers et les jeunes, l'argent vient en première position (61 % et 52 %). Les hommes croient plus que les femmes à la célébrité et au pouvoir. Enfin, la demande de prestige croît avec l'âge.

● *Parmi ces traits de personnalité, quels sont les trois qui, d'après vous, aident le plus à réussir dans la vie ?*

Goût de l'indépendance	21 %
Volonté de pouvoir	**39 %**
Charme personnel	9 %
Puissance de travail	**45 %**
Absence de scrupules	7 %
Intelligence	**51 %**
Aptitude au commandement	8 %
Créativité	30 %
Goût du risque	24 %
Ténacité	36 %
Capacité d'animer une équipe	12 %
Ne se prononcent pas	3 %

Total supérieur à 100 en raison des réponses multiples.

LE PLAISIR AVANT TOUT

● *Si vous aviez complètement réussi, consacreriez-vous votre temps et votre énergie à :*

Encore et toujours votre activité professionnelle	14 %
Une grande cause généreuse et exaltante	14 %
Une nouvelle activité professionnelle	9 %
Entreprendre enfin les études que vous n'avez jamais pu faire	10 %
Profiter à plein temps des plaisirs de la vie	**42 %**
Je ne me sens pas concerné	6 %
Autres	1 %
Ne se prononcent pas	4 %

S'ils le pouvaient, les Français — tout particulièrement les jeunes — consacreraient d'abord leur temps à profiter des plaisirs de la vie. Cette intention, qui diminue avec l'âge, est surtout marquée chez les cadres moyens et les ouvriers. Particulièrement acharnés au travail : les artisans (28 %) et les agriculteurs (20 %), et surtout les hommes. Les femmes et les cadres supérieurs montrent plus de générosité en ce qui concerne les grandes causes (63,5 % et 18,1 %).

DES INDIVIDUALISTES FORCENÉS

● *Quels sont pour vous les deux principaux signes de la réussite ?*

Passer à la télévision et dans les journaux	6 %
Être consulté et reçu partout	20 %
Pouvoir dépenser sans compter	23 %
N'avoir de comptes à rendre à personne	**65 %**
Multiplier les conquêtes amoureuses	3 %
Faire tout ce qui vous plaît	**52 %**
Autres	3 %
Aucun de ceux-là	4 %
Ne se prononcent pas	2 %

Total supérieur à 100 en raison des réponses multiples.

Nos compatriotes ont une conception nettement individualiste de la réussite : ils veulent surtout n'avoir de comptes à rendre à personne, et faire ce qui leur plaît. La reconnaissance sociale compte peu : passer à la télévision ne les intéresse pas. Dépenser sans compter est surtout un rêve chez les employés, les cadres moyens et les ouvriers. Une préoccupation qui diminue avec l'âge : la sagesse vient-elle en vieillissant ?

● *Quand vous pensez à la réussite (la vôtre), à quoi pensez-vous d'abord ?*

A votre réussite professionnelle	26 %
A votre bonheur familial	**57 %**
Au succès d'un projet collectif auquel vous croyez	5 %
Vous n'êtes pas concerné	8 %
Ne se prononcent pas	4 %

● *Parmi les domaines suivants, dans lequel aimeriez-vous réussir ou avoir réussi ?*

Les affaires	**27 %**
Les arts (littérature, peinture, musique)	12 %
Les sciences ou la médecine	12 %
Le sport	10 %
La communication (presse, TV, publicité)	7 %
Le spectacle (cinéma, show-biz, TV)	5 %
La politique	2 %

Débat

« La réussite, qu'est-ce que cela signifie à vos yeux ? »

– Donnez vos réponses aux questions posées ici.
– Comparez-les avec celles de vos camarades de classe.

– Essayez de mettre les réponses possibles dans l'ordre de leur valeur et de justifier vos réactions.

Métiers d'avenir: sachez les choisir

Quels sont les secteurs porteurs? Vers quel métier s'orienter pour déjouer les risques du chômage? Questions cruciales. Réponses délicates. Car s'il y a bien une chose sur laquelle les spécialistes de la prospective, les analystes du futur sont d'accord, c'est sur les inconnues de l'an 2000. Tout contribue à cette incertitude. L'évolution ultra-rapide
10 des techniques bouleverse les métiers. Le renouvellement – tous les quatre ou cinq ans – des générations d'ordinateurs transforme la façon de concevoir et de fabriquer les produits. Les nouveaux matériaux (composites ou céramiques) métamorphosent les objets. Les biotechnologies auront des répercussions sur des secteurs tels que ceux de la santé, de l'agriculture et de la chimie. Enfin, les
20 nouveaux moyens de communication par satellite, par câble ou par télématique abolissent les frontières nationales: la planète se transforme sous nos yeux en un grand village où les informations circulent constamment, en temps réel, entre Paris et Hong-Kong, Sydney et Chicago, Milan et Toronto.

Dans ce tourbillon, deux points fixes permettent de ne pas perdre le nord.
30 Première certitude, soulignée en 1983 par le rapport préparatoire du IXe plan: «Dans les années 1990, deux salariés sur trois exerceront un métier qui n'existe pas encore.» Premier impératif donc: se préparer à l'imprévisible.

Deuxième constat: les techniciens, les cadres de demain seront appelés à changer deux, trois, quatre fois sans doute de métier au cours de leur vie
40 professionnelle. Deuxième conseil par conséquent: préparer très tôt cette mobilité, être armé pour changer de job, de fonction, d'entreprise, de pays. Rien ne s'opposera à ce qu'un médecin allemand vienne exercer à Lyon. Voilà qui va bousculer bien des habitudes.

Troisième certitude: mieux vaut réfléchir en termes de secteurs porteurs – la communication, les services, l'électroni-
50 que, les nouveaux matériaux par exemple – qu'en termes de métier. Car les métiers de l'avenir ne sont pas nécessairement des métiers d'avenir en termes d'emplois créés. Inversement, des secteurs globalement en déclin – l'agriculture, la métallurgie, l'automobile – sont en pleine mutation technologique et auront besoin de spécialistes new-look. Ils pourront donc offrir plus tard d'intéres-
60 sants débouchés.

Tracer les plans de formation gagnants pour demain tient donc un peu du pari. En évaluant sereinement les secteurs d'avenir, les fonctions qui montent dans les entreprises et les profils de qualification qui seront alors recherchées, on augmente ses chances de gagner le gros lot.

Expliquez en français

1   la planète se transforme sous nos yeux en un grand village (l.22)
2   perdre le nord (l.29)
3   bousculer bien des habitudes (l.46)
4   en pleine mutation (l.57)
5   gagner le gros lot (l.67)

 Le secret de la réussite: prévoir et s'adapter
1   Who are the pupils at the Institut national des sports et de l'éducation physique?
2   What sort of timetable do they have?
3   What advice is given to someone thinking of doing competitive sport on a part-time basis?
4   What are the future employment prospects in sport?
5   What are the qualifications of a 'good' sports teacher?
6   What kind of training outside the sphere of sport is recommended?
7   What questions should an aspiring professional ask him or herself?

1   Using one or two words in each case, name the four areas in which changes are difficult to predict.
2   Explain very briefly what three factors can be considered as certain with regard to jobs in the year 2000.

3   Why might it be feasible to consider a career in an area which is at present in decline?

SUMMARISE   in one sentence the advice which this article offers.

/ 🖉 Mettez les emplois indiqués sur ces tableaux (pp. 43–4) dans l'ordre du point de vue de leur stabilité, en commençant par celui qui est le plus sûr d'être en hausse.

/ **1** Travaillez avec un partenaire. Chacun pose une question à son tour pour savoir si tel ou tel métier envisagé est en baisse, en hausse, ou relativement stable. par exemple:

« Si je devenais avocat . . . ?
Est-ce que les avocats vont disparaître/sont en baisse/ régressent? »

« Non, comme toutes les professions libérales, ils sont en hausse. »

« Si je devenais speakerine
        ingénieur
        instituteur
        infirmière
        soldat
        commis
         voyageur
        gérant dans
         une entreprise
        garagiste
        agent de police
        facteur
        hôtesse
        médecin
        épicier
        pilote
        expert
         comptable
        reporter
        informaticien
        fonctionnaire. »

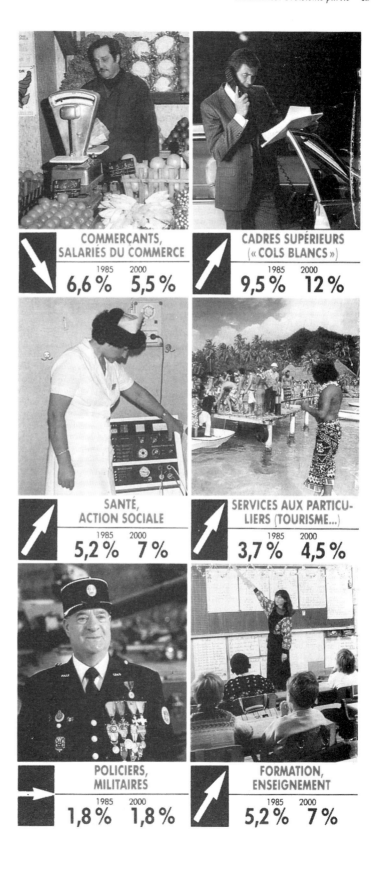

COMMERÇANTS, SALARIÉS DU COMMERCE
1985 6,6 % 2000 5,5 %

CADRES SUPÉRIEURS (« COLS BLANCS »)
1985 9,5 % 2000 12 %

SANTÉ, ACTION SOCIALE
1985 5,2 % 2000 7 %

SERVICES AUX PARTICULIERS (TOURISME...)
1985 3,7 % 2000 4,5 %

POLICIERS, MILITAIRES
1985 1,8 % 2000 1,8 %

FORMATION, ENSEIGNEMENT
1985 5,2 % 2000 7 %

OUVRIERS NON QUALIFIÉS

1985	2000
15,4 %	11 %

AGRICULTEURS

1985	2000
6,9 %	3,5 %

INFORMATION, ARTS, SPECTACLES

1985	2000
0,5 %	0,7 %

OUVRIERS QUALIFIÉS, ARTISANS

1985	2000
24,4 %	24 %

EMPLOYÉS SECTEUR PUBLIC

1985	2000
14,8 %	12 %

INGÉNIEURS, TECHNICIENS

1985	2000
4,9 %	9 %

PROFESSIONS LIBÉRALES

1985	2000
1,1 %	2 %

Quelle est la principale raison qui vous pousserait à choisir un travail plutôt qu'un autre ?

	(%) Garçons	(%) Filles
Qu'il soit intéressant	**53**	**51**
Qu'il assure la sécurité de l'emploi	18	21
Qu'il soit bien rémunéré	**17**	**9**
Qu'il permette des contacts avec le public	2	6
Qu'il offre des possibilités de voyage	5	6
Que l'ambiance soit bonne	3	4
Qu'il laisse du temps libre	2	1

Sur ce schéma, nous n'avons pas conservé les liaisons entre 2 mots quand elles apparaissaient dans moins de 5 % des réponses. On constate que, pour vous, l'État n'intervient pas dans la vie des entreprises, il se contente de percevoir des impôts (uniquement payés par les familles, pas par les entreprises) et d'investir. Vision très « libérale » de l'économie, qui confirme les résultats d'une enquête publiée en 1985 *(Les jeunes, l'économie et la consommation,* sous la direction de J.-M. Albertini, éd. Labor).

Dans la liste suivante, quel est le mot correspondant le mieux à ce que vous aimeriez que soit le travail en entreprise ?

	%
Intéressant	**27**
Créatif	**23**
Agréable	15
Esprit d'équipe	15
Liberté	9
Amical	5
Plaisir	4
Facile	2

Vous aimeriez que le travail en entreprise soit « intéressant ». Mais que signifie « intéressant » ? Si l'on regarde non plus **le** mot, mais les **deux mots** que vous avez placés en tête à cette question, on constate que le couple « Intéressant/créatif » arrive en tête (17 % des réponses), suivi de « Esprit d'équipe/créatif » (14 %) et d'« Intéressant/agréable » (12 %). « Créatif » est donc pour vous un mot important... et c'est sur ce point que vous jugez le plus sévèrement les entreprises (voir tableau 3).

Une fois vos études terminées, préféreriez-vous travailler dans une grande ou petite entreprise ?

	%
Dans une grande entreprise	**61**
Dans une petite entreprise	37
Sans réponse	2

Deux tiers pour les grandes entreprises, un tiers pour les petites. Mais pourquoi ? Ceux qui choisissent la grande entreprise le font avant tout parce qu'il y a plus de possibilités de faire carrière (55 %), qu'on y est mieux payé (47 %) et qu'il y a plus de compétition (37 %). Ceux qui optent pour la petite entreprise le font avant tout parce que l'ambiance y est meilleure (99 % !) et parce qu'il est plus facile d'avoir des responsabilités (65 %).

2 Etudiez les résultats de ce sondage. Discutez-en avec votre partenaire et expliquez vos réponses personnelles à votre groupe.

3 Chaque membre de la classe va étudier à l'aide d'un dictionnaire quelques-uns des enseignements proposés par l'Ecole Universelle.

– Il/elle va ensuite les présenter aux autres en disant si les débouchés sont susceptibles d'être bons ou mauvais, et pourquoi.
– On peut poser des questions pour voir si tel ou tel enseignement convient à certains membres du groupe.
– Ensuite, chacun peut copier et puis remplir le bon pour une documentation gratuite.

Je veux être ingénieur

«Et toi, qu'est-ce que tu veux faire comme métier? – Ingénieur.» Objectif ambitieux, mais parfois un peu vague. A quoi sert un ingénieur? Comment travaille-t-il?

Au moment de choisir une carrière, certains placent au premier rang de leurs critères de choix la sécurité de l'emploi: pas question d'opter pour un métier à
10 fort taux de chômage. D'autres veulent un métier qui va les rémunérer confortablement. D'autres encore exigent un boulot où l'on soit sûr de ne pas s'ennuyer huit heures par jour. Et puis, il y a ceux qui veulent tout: emploi sûr, salaire cossu et job passionnant. Si vous appartenez à cette dernière catégorie, une solution: devenir ingénieur.

Mais au fait, un ingénieur, ça sert à
20 quoi? A tout: à concevoir, à produire, à contrôler, à vendre, à entretenir… Tout au long de la chaîne d'élaboration d'un produit, les ingénieurs sont présents. Dans une petite entreprise, le même individu rassemble souvent sous sa casquette toutes les fonctions; à lui de conduire au jour le jour la production, à lui de la contrôler, à lui de répondre aux interrogations des clients, de gérer les
30 approvisionnements en matières premières, de participer à l'élaboration de la stratégie commerciale. Et s'il lui reste du temps, à lui de penser à l'avenir: que

vendra-t-on demain et, surtout comment le fabriquera-t-on?… Soyons clairs: si vous cherchez un petit boulot peinard et sans soucis, renoncez tout de suite à devenir ingénieur… Car dans une entreprise, la vie de l'ingénieur n'est pas
40 forcément plus tranquille, même si, en règle générale, les fonctions sont plus nettement cloisonnées.

Les premiers à intervenir sont les ingénieurs du marketing et ceux du bureau d'étude. Ensemble, ils doivent déterminer les futurs créneaux de production que leur entreprise pourra occuper, apprécier la «faisabilité» des futurs produits, réaliser des prototypes, les
50 tester et les modifier jusqu'à ce qu'ils correspondent exactement aux besoins de la clientèle.

Une fois le prototype définitivement fignolé, le bureau d'études passe le flambeau aux ingénieurs du bureau des méthodes, qui se chargent d'en faire un produit de grande série.

Après la phase d'études, il faut produire. Un ingénieur de production
60 assume généralement la responsabilité d'un atelier ou d'une chaîne. Dans les grandes unités de production, l'ingénieur de production est secondé par un ingénieur «Achats» chargé de gérer le stock.

Voici donc notre ordinateur (ou notre voiture, ou notre yoghourt) sorti des chaînes. Il faut maintenant le vendre: la fonction commerciale d'une entreprise emploie, elle aussi, des ingénieurs, sur-
70 tout pour les produits à haute technicité. Pour vendre un ordinateur, il ne suffit pas d'être un excellent «commercial», il faut aussi pouvoir intervenir très vite chez le client pour y remédier: c'est le travail du service après-vente.

1 What is the ultimate aim of the 'marketing' engineer?
2 What are the functions of the three other types of engineer?

1 Résumez les qualités nécessaires pour devenir ingénieur.
2 Vous êtes Partenaire A. Posez des quetions à un futur patron (Partenaire B) vis-à-vis de la carrière envisagée.

SUMMARISE the responsiblities of an engineer in a small firm.

Listen to the interview with Jean Banastier and answer the following questions:
1   What is M. Banastier's attitude towards applicants' qualifications?
2   What qualities is he looking for?
3   What two kinds of mobility is he interested in and why?
4   What questions does he ask himself when interviewing?
5   How long is a recruit likely to spend in his or her first post?

Vous avez trouvé dans le journal une annonce d'offre d'emploi qui vous intéresse. Ecrivez une lettre de demande. Donnez les détails de vos qualifications, les raisons pour lesquelles ce poste vous intéresse, et d'autres renseignements qui pourraient appuyer votre demande.

Remplissez les blancs

Essayez de remplir les blancs sans chercher les mots dans l'article ci-dessus:
   Certains considèrent qu'il faut surtout avoir un emploi _____, d'autres un métier bien _____.
Un ingénieur doit s'occuper de la conception, de la
_____,
du _____,
de la _____,
et de l'_____ du produit. Si vous ne voulez pas de _____, ne _____ pas ingénieur.
L'ingénieur «Achats» est uniquement chargé de la _____ du stock.

Le patron idéal

Study the results (pp. 48–9) of a survey carried out among 400 junior executives and trace the information required by answering the questions which follow.

Pensez-vous qu'il pourrait vous arriver de refuser un poste à cause de la personnalité du P.-D.G. ?

Oui, sûrement	35
Oui, peut-être	33
Non, sans doute pas	16
Non, sûrement pas	15
Sans opinion	1
	100 %

S i elle n'est pas attractive au premier chef, la personnalité du P.-D. G. peut être répulsive. 68 % des cadres supérieurs affirment que « oui, sûrement » ou « oui, peut-être », ils reverraient une décision d'embauche en fonction de la personnalité de leur futur P.-D. G. Cette valeur affective est là encore plus sensible chez les femmes que chez les hommes (70 % contre 67 %), chez les plus anciens que chez les plus jeunes. En revanche la taille de l'entreprise intervient essentiellement pour les grandes entreprises, les plus de cinq cents salariés, comme si l'importance de la société compensait l'effet personnalité du P.-D.G. Ainsi 57 % des cadres supérieurs, soit dix points de moins que le résultat global, arrêteraient leur démarche d'embauche en fonction de la personnalité du P.-D. G. dans une société de plus de cinq cents personnes.

1   What is the least important factor when choosing a firm to work for?
2   Which categories of job applicants attach the greatest importance to the image of their managing director?
3   What difference does the size of the firm make in this respect?
4   In what respect is the ideal managing director furthest from reality?
5   In what respect is the ideal managing director closest to reality?
6   Explain briefly the results of the survey about toleration of faults.

1   Demandez à votre partenaire d'attribuer une note sur 20 pour chacun des traits du P-DG idéal. Votre partenaire vous posera les mêmes questions. On établira les notes moyennes données par le groupe et les comparera avec les chiffres cités ici.
2   Dans quelle mesure est-ce que vous (et votre partenaire) possèdez les qualités requises pour être P-DG? Discutez-en.
3   Ecrivez quelques phrases pour indiquer l'importance relative de ces traits d'après votre groupe et indiquer les points sur lesquels il y a un décalage important entre vos opinions et celles des cadres interrogés.

4 Faites le portrait du P-DG idéal d'après les résultats du sondage. Dites dans quelle mesure cela correspond à l'idée que vous vous faites d'un futur patron idéal. S'il y a des décalages entre les deux, expliquez pourquoi.

Pour chacun des traits suivants (auxquels vous attribuerez une note sur 20), pouvez-vous dire s'il s'agit pour un P.-D.G. d'une qualité plus ou moins importante à vos yeux ?
- Pouvez-vous noter de la même façon votre P.-D.G. actuel pour chacun des mêmes traits.

	P.-D.G. IDEAL	P.-D.G. ACTUEL	ECART
Etre un bon gestionnaire	18	15,4	- 2,6
Savoir communiquer, faire passer ses idées	17,5	14,4	- 3,1
Savoir choisir et juger les hommes	17,5	14	- 3,5
Savoir décider rapidement	17	15	- 2
Etre capable de prendre des risques	16,7	14	- 2,7
Avoir un projet stratégique ambitieux pour l'entreprise	16,7	14,5	- 2,2
Etre un créatif, un innovateur	16,6	13,7	- 2,9
Avoir le sens du social	15,5	13,3	- 2,2
Savoir utiliser les médias pour assurer la notoriété de l'entreprise	14	13	- 1
Avoir une stature internationale	13	11	- 2

		DECISIF	IMPOR-TANT	ASSEZ PEU IMPOR-TANT	SANS OPINION
La santé financière de l'entreprise	100 %	36	61	· 3	-
Sa notoriété, son image	100 %	16	63	21	-
Sa position de leader sur un marché	100 %	19	51	29	1
L'image de son P.-D.G.	100 %	14	49	36	-
La taille de l'entreprise	100 %	7	42	50	1
Le fait qu'elle travaille dans un secteur de pointe	100 %	29	53	18	-

Parmi les quatre défauts suivants, pour lequel auriez-vous le plus d'indulgence ?

La mégalomanie	8
L'autoritarisme	21
La fantaisie	44
La tendance à toujours considérer que « l'intendance suivra »	22
Aucun de ces défauts	3
Sans opinion	2
	100 %

On ne pardonne guère la mégalomanie, mais on accepte la fantaisie. Et l'on fait contre mauvaise fortune bon cœur face à l'autoritarisme ou à une certaine insouciance face aux contraintes de l'intendance. La mégalomanie serait-elle masculine. Les hommes sont moins sévères que les femmes devant ce défaut (9 % contre 3 %). En revanche, les femmes plus que les hommes font preuve de tolérance face à la fantaisie d'un P.-D.G. Nos messieurs seraient-ils coincés ?

Estimez-vous que le style, le « look » d'un P.-D.G. a beaucoup d'importance, pas mal d'importance, assez peu d'importance, pas d'importance du tout, pour l'image d'une entreprise ?

Beaucoup d'importance	29
Pas mal d'importance	44
Assez peu d'importance	22
Pas d'importance du tout	5
Sans opinion	-
	100 %

Futurs cadres, sachez écouter

Read the two cuttings and answer the following questions.

1 Why is specialised knowledge less sought-after by employers these days?
2 What is their attitude towards qualifications?
3 What attitudes and personal characteristics are regarded as desirable?
4 What four qualities is Bruno Legrix de la Salle looking for in his recruits?
5 What value does he attribute to paper qualifications?
6 What is the most difficult aspect of the job?
7 What reveals the qualities of a potential manager?

JE SUIS SÛR QUE MON PROFIL VOUS INTÉRESSE

Lecerovx

Quelles qualités seront exigées des futurs managers ? Nous avons interrogé le directeur d'HEC (l'école des Hautes études commerciales).

● *Vous formez les managers de l'an 2000. Seront-ils des généralistes ou des experts ?*
● Les entreprises ne nous demandent pas des gens très spécialisés. Auparavant, elles avaient un horizon de planification à dix ans; maintenant, cela ne dépasse pas un an ou deux. Elles ne peuvent donc pas apprécier à l'avance dans quels créneaux précis elles auront des besoins en personnel . C'est pour cela, et pas par snobisme, qu'elles font de plus en plus confiance aux diplômes : c'est la garantie de solides fondements de culture générale et de la capacité à maîtriser des concepts qui évolueront très vite. Ce qui ne doit pas empêcher les gens de faire une spécialité, mais plutôt pour acquérir une méthodologie, que pour s'ouvrir des horizons.
● *Mais, pour une carrière, le diplôme ne suffit plus…*
● Effectivement, deux autres paramètres ont un poids décisif : la mentalité « internationale », qui sera de plus en plus vitale, et le profil de personnalité, c'est-à-dire le talent de communication, la force de conviction et la capacité d'écouter. En un mot, cette ouverture d'esprit qui permet de s'adapter à un environnement de plus en plus complexe et mobile.

L'IMPORTANT, C'EST LE POTENTIEL

Pas facile d'embaucher un cadre. Le directeur du recrutement pour IBM-France, Bruno Legrix de la Salle, nous explique comment il s'y prend.

● *Selon quels profils recrutez-vous chaque année des dizaines de jeunes diplômés ?*
● Il y a deux grands profils qui vont d'ailleurs être de plus en plus marqués. D'un côté, les experts, les spécialistes haut de gamme pour tout ce qui est recherche, développement et fabrication. De l'autre, des généralistes adaptables pour la partie business. Dans les deux cas, nous recherchons des jeunes motivés, qui ont une bonne puissance de travail, assez de perméabilité intellectuelle pour évoluer et la volonté de réussir.
● *Comment décèle-t-on ces qualités chez un jeune qui n'a pas ou très peu d'expérience professionnelle ?*
● La base, c'est un diplôme — ingénieur ou commercial — après cinq années d'études supérieures. Cela nous assure l'esprit logique. Ensuite, on évalue la motivation et les qualités personnelles. Le recrutement est maintenant centré sur le potentiel des candidats : c'est ça qui fait la

La première ressource de toute entreprise, c'est son personnel.

différence. Enfin, on essaie de mesurer l'adéquation possible entre la personnalité et la culture spécifique de l'entreprise. C'est là que l'embauche est délicate. Quand une firme engage quelqu'un, c'est un investissement. Elle ne peut pas se permettre de se tromper.
● *Cela vous arrive ?*
● En général, on se trompe rarement sur les performances des jeunes embauchés pendant quatre ou cinq ans. A plus long terme, c'est beaucoup plus aléatoire. C'est en mettant les jeunes sur le terrain, à la vente, que l'on peut vraiment déceler les managers de demain.

La revanche des littéraires

La grande époque du matheux sûr de lui et dominateur, c'est fini. Les lauriers changent de camp. Mais ce semblant de revanche n'est pas un nouvel épisode de la guerre civile, qui dure depuis des siècles, entre république des lettres et république des maths.

Revanche, oui, mais du bon sens. Ce qu'on découvre peu à peu, ce sont les
10 vertus de la culture générale, son aptitude irremplaçable à aiguiser le sens critique. Un retour nécessaire, après une longue période de féroce tyrannie des maths. Tout le cursus scolaire, dominé par la redoutable filière C; le recrutement des grandes écoles, figé depuis vingt ans autour de cette discipline. Chacun en convient aujourd'hui: il est temps de déverrouiller le système. De retrouver un
20 équilibre salutaire entre sciences et humanité.

Qu'une tête bien faite vaille un régiment de têtes trop pleines est une évidence depuis Montaigne. Pas pour tout le monde. Une majorité de chefs d'entreprise restent fascinés par les seuls techniciens monophasés et leurs parchemins farcis aux mathématiques. Pour combien de temps? Le manager de l'an
30 2000 sera davantage individu de culture, selon le directeur d'HEC. Une révolution éminemment culturelle. Du littéraire de formation, on loue désormais l'esprit de synthèse, la largeur de vues, après s'être moqué de son verbiage. Et les gestionnaires purs et durs sont priés d'aller soumettre leur culture générale à des séances de 'lifting'. Pas un expert en management qui ne plaide pour la
40 réactivation de l'hémisphère droit du cerveau des décideurs. Là où se nichent les fonctions intuitives, longtemps éclipsées par celles du cerveau gauche: la logique déductive et planificatrice. Une authentique compétence, dit-on maintenant, suppose le mélange d'un savoir, d'un savoir-faire et d'un comportement autonome. Quant aux maths, elles constituent non pas une culture, mais
50 une technique.

Le littéraire possède souvent un avantage élémentaire sur ses camarades scientifiques: il sait tout bêtement rédiger. « Pas négligeable », souligne Lionel Chouchan, patron d'une agence de communication et, par ailleurs, romancier. « Si vous saviez à quel point notre métier patauge dans l'analphabétisme! » Seconde qualité: la capacité à appréhen-
60 der globalement les problèmes de l'entreprise. Comptent, d'abord, les qualités de logicien. Les calculettes et quelques rudiments d'algèbre font le reste.

Qu'on ne s'y trompe pas. Dans leur écrasante majorité, les patrons hésitent à recruter des littéraires. Et, quand ils le font, c'est souvent au rabais: un normalien salarié à EDF est rémunéré comme un cadre venant d'une petite école
70 d'ingénieurs. De son côté, l'élite des lettres s'est longtemps pincé le nez devant le capital. Pourtant, elle est en bonne marche, la révolution culturelle qui réhabilite les littéraires face aux caïds des maths sur le marché de l'emploi. Dans un monde où tout individu sera appelé à changer plusieurs fois de métier, la polyvalence et un atout indispensable. Pour se recycler, s'adapter, innover. Un
80 supplément d'âme, non seulement distingué, mais rentable.

Explications: filière C = la section mathémathique/ scientifique du baccalauréat
HEC = la grande école des Hautes Etudes Commerciales
EDF = Electricité de France

1 What was forgotten over a period of some 20 years?
2 Describe the kind of graduate favoured by most employers in commerce and industry.
3 What qualities allegedly possessed by the Arts graduate are now finding favour with these employers?
4 How are the two sides of the brain characterised?
5 What does Lionel Chouchan see as the advantages of the Arts graduate over the scientist?
6 What point is made about salaries?
7 In what way is the likely need to change jobs several times linked to the renewed interest in Arts graduates?

Expliquez en français

1 les lauriers changent de camp (l.2)
2 aiguiser le sens critique (l.11)
3 déverrouiller le système (l.19)
4 c'est souvent au rabais (l.67)
5 l'élite des lettres s'est longtemps pincé le nez devant le capital (l.70)

6   la polyvalence est un atout indispensable (l.76)

  1   On fait la distinction entre les matières qui vous donnent « une technique » et celles qui constituent « une culture ». En travaillant avec un partenaire, faites deux listes pour classer les matières scolaires selon leur qualité « technique » ou « culturelle ». Essayez d'expliquer comment chaque matière se classe et ce qu'elle vous apporte.

2   Est-ce que la formation que vous recevez vous apporte la polyvalence dont on parle ici ? Expliquez comment elle le fait et/ou ce qui manque.

Le nouvel âge de la science

J'observe que le débat public change d'inflexion. Les idéologies à prétention scientifique refluent. Les médias privilégient l'émotion et la personnalisation. Les femmes, en prenant heureusement une part aujourd'hui déterminante dans les choix de société soumis au suffrage public, mettent en valeur les intuitions centrales du cœur. L'affectivité devient
10 un mode de communication sociale.

Ainsi, notre société, tout en demeurant scientifique et technique, reconnaît une place à ceux dont la formation a consisté à développer le sens du vivant, de la beauté, de l'émotion, du dialogue, c'est-à-dire des littéraires.

Assiste-t-on pour autant à un reflux de la rigueur des sciences et des techni-
20 ques ? Jamais les grandes aventures n'ont tant passionné la jeunesse. La connaissance s'accumule. Il n'y a pas de jour où l'on n'annonce, dans le monde, une découverte ou une nouvelle piste de recherche. On n'imagine pas que le monde pourrait vivre avec moins de technique.

Et, cependant, la croyance scientiste est partout en retrait. L'esprit positiviste
30 et déterministe, qui fut l'âme de l'esprit de progrès il y a un siècle, est battu en brèche, au sein des sciences, par les découvertes les plus récentes sur l'incertain et le vivant, et, dans notre société, par l'obsolescence des méthodes de travail qu'il a inspirées.

Enfin, la globalisation et l'internationalisation de nos activités imposent à tous de pratiquer d'autres langues et de
40 connaître d'autres cultures. Les Français seront de plus en plus conduits à comprendre des systèmes de valeurs et de pensées qui leur sont étrangers et qui sont fondés, bien souvent, sur d'autres notions que la logique et que la raison.

Pour son épanouissement, la société scientifique et technicienne a besoin de toutes les formes de talents. Peut-être notre époque va-t-elle vers une période
50 faste de synthèse et d'équilibre entre la raison et l'affectivité.

1   In what way does the author think that women have influenced the current changes of attitude?
2   **Summarise**   the apparent paradox in the third and fourth paragraphs.
3   Why are the powers of logic and reason alone inadequate to cope with modern life?
4   Paraphrase the last two sentences in English in order to clarify the writer's message.

En utilisant un dictionnaire français qui donne des synonymes, remplacez chacun des mots suivants par un autre mot ou une phrase qui convient dans ce contexte :

1   inflexion (l.2)
2   refluent (l.3)
3   formation (l.14)
4   rigueur (l.19)
5   passionné (l.21)
6   l'obsolescence (l.35)
7   épanouissement (l.46)

1   Que pensez-vous du style de cet article ? Est-ce que l'article révèle la personnalité de l'auteur et son attitude vis-à-vis des femmes ?
2   Quelle est selon vous l'importance du rôle des femmes à l'égard des changements d'attitude dont on parle ici ? Discutez-en avec un partenaire du sexe opposé.
3   Quelles découvertes ou nouvelles pistes de recherche a-t-on annoncé récemment ? Quelle en est l'importance ?
4   Quels aspects de votre formation développent chez vous le sens du vivant, de la beauté, de l'émotion, du dialogue ?
5   Dans quelle mesure êtes-vous d'accord avec l'idée qui a inspiré cet article ?

cette fois-ci / this time. (handwritten margin note)

La grève chantage

Plusieurs dizaines de milliers d'usagers, qui depuis des semaines savouraient d'avance leur départ en vacances vont, aujourd'hui et demain, se trouver bloqués dans les aérodromes, piégés par la grève d'Air Inter.

Après la SNCF l'hiver dernier, sans vergogne, un syndicat choisit d'empoisonner l'existence de milliers de familles,
10 pour des intérêts strictement corporatistes.

De quel droit? De quel droit une catégorie sociale, parce qu'elle dispose du pouvoir que donne la force, se permet-elle d'infliger aux autres une contrainte insupportable? Cela se situe à un autre niveau, mais la logique est exactement celle des terroristes preneurs d'otages.

20 Un porte-parole du syndicat s'en explique à la radio: si la grève ne gênait pas les voyageurs, elle ne serait pas efficace;
c'est pourquoi nous la déclenchons au moment des départs en vacances. Le plus grave est que cet homme a manifestement bonne conscience. Quoi de plus normal, en effet, que d'arrêter les trains, de bloquer les avions, de barrer les routes. de couper le courant électrique?
30 Qui réagira? Le gouvernement? Trop occupé à faire des discours. Les media? Certainement pas. Le gréviste, vu par la radio, la télévision et les journaux, est une vache sacrée. On recueille ses propos. On ne s'arrête d'ailleurs pas là. Vous prenez le pari? Dès aujourd'hui, on nous montrera. dans les aérogares, des passagers avachis sur leurs ballots. dans l'attente d'un vol hypothétique. Que diront-
40 ils? Ceci: «Cela fait dix heures que j'attends. Mes projets sont dérangés. Mais il faut comprendre le point de vue des grévistes. Ils ont leurs raisons.» Eh bien, non! Il ne faut pas «comprendre», il faut se rebiffer. Il y a usage scandaleux de la force contre des citoyens désarmés. Il y a mépris des autres. Il y a abus inacceptable du droit de grève.

De quoi s'agit-il? Les Airbus 320, qui
50 vont entrer en service, seront pilotés par un équipage de deux hommes au lieu de trois, le mécanicien disparaissant, avantageusement remplacé par une électronique sophistiquée. Seize compagnies dans le monde – y compris Air France – ont déjà passé commande ferme de 277 appareils. Toutes sauf une (australienne) acceptent l'équipage à deux. Directions et syndicats de navigants approuvent.
60 Seuls les mécaniciens d'Air Inter sont contre. Croit-on vraiment que les autres sont des inconscients ou des déments, prêts à risquer leurs appareils, leur vie propre et celle de leurs passagers? Un mot encore, sait-on que la compagnie a donné l'assurance qu'aucun mécanicien ne serait licencié, qu'il leur serait possible, moyennant un léger effort, de devenir à leur tour pilotes? Là encore, le porte-
70 parole cité plus haut «vend la mèche»: «Si les navigants étrangers ont dit oui, c'est probablement parce que, ailleurs, les syndicats sont moins bien organisés que chez nous.»

Organisés, ils le sont. Capables de rendre la vie impossible à leurs concitoyens, ils le sont. Déterminés à récidiver, ils le sont. Le droit de grève existe. Détourné de ses fins comme il l'est
80 aujourd'hui, utilisé comme moyen de brimade, peut-il demeurer intouchable?

---

1 What, in a word, is the attitude of the writer towards the strike?
2 Explain why the writer draws a parallel between strikers and terrorists.
3 What evidence is there that the writer considers his attitude to be unique among reporters?
4 What reaction does he anticipate on the part of delayed passengers?
5 In what way are the flight crews of Air Inter almost unique?
6 What has the company offered the flight engineers?

Expliquez en français

1 sans vergogne (l.7)
2 avachis sur leurs ballots (l.38)
3 un vol hypothétique (1.39)
4 il faut se rebiffer (l.45)
5 des inconscients ou des déments (l.62)
6 moyennant un léger effort (l.68)
7 vend la mèche (l.70)
8 récidiver (l.77)
9 moyen de brimade (l.80)

Remplissez les blancs

_____ nombreux voyageurs s'attendaient _____ partir _____ vacances ce weekend. Un porte-parole des grévistes a dit _____ la radio qu'il fallait gêner les voyageurs _____ être efficace. Le journaliste croit que le gouvernement sera trop occupé _____ réagir, que les médias considèrent le gréviste _____ une vache sacrée et que les voyageurs font preuve

_____ une patience excessive. Il soutient que les grévistes abusent _____ leur droit de grève, étant donné que la plupart _____ compagnies ont accepté l'équipage à deux et qu'aucun employé n'est menacé _____ licenciement.

Votre patron a manqué un rendez-vous important à cause de cette grève. Il vous demande de rédiger deux lettres:

1 au rédacteur du *Figaro* pour exprimer ses réactions à cet article

2 à Air Inter pour annuler sa prochaine réservation, en exprimant son indignation contre les grévistes et/ou la direction.

Imaginez que vous travaillez pour Air Inter. Vous devez décider d'être gréviste ou non gréviste. En travaillant avec un partenaire qui prend la décision opposée, imaginez que vous vous rencontrez dans un café et que vous avez une conversation/discussion/dispute avec lui au sujet de la grève.

Le Syndicat National des Officiers Mécaniciens Navigants d'AIR INTER a déposé pour les vendredi 10 et samedi 11 avril, un préavis de grève pour imposer le pilotage à trois sur les futurs Airbus A320 conçus pour être pilotés à deux.

Le choix intentionnel de cette date par ce syndicat va fortement pénaliser les déplacements des familles et des enfants pour les vacances de Pâques.

Les possibilités d'affrètement de substitution sont en effet limitées dans cette période de pointe. Avec le concours des Officiers Mécaniciens Navigants non grévistes, la Compagnie assurera environ 60 % des vols prévus (210 sur 380 vendredi, 175 sur 310 samedi). 90.000 passagers avaient réservé.

LA COMPAGNIE DEMANDE A SA CLIENTÈLE DE BIEN VOULOIR SE RENSEIGNER POUR PARIS AU 45.39.25.25 ET POUR LA PROVINCE DANS LES CENTRES DE RÉSERVATION RÉGIONAUX.

Consciente des désagréments que ce mouvement va entraîner, la majorité du personnel de la Compagnie fait le maximum pour aider les passagers et prie sa clientèle de bien vouloir l'excuser.

L'A320 est conçu pour être conduit avec deux pilotes seulement comme tous les avions moyens porteurs de la nouvelle génération.

Comprenant la réaction d'un syndicat voyant se modifier profondément le métier dont il est le défenseur, et pour tenir compte des problèmes humains que pose toute modernisation, la Compagnie a proposé des garanties exceptionnelles, soit de maintien dans leur fonction sur des appareils pilotés à trois, soit de promotion au métier de pilote aux frais de la Compagnie.

Le rôle de ce syndicat devrait être de défendre les hommes et d'assurer ainsi leur avenir, en tenant compte de la réalité et en profitant des opportunités offertes, plus que de mener un combat d'arrière-garde pour tenter de maintenir artificiellement une fonction sans avenir dans tous les futurs avions.

Un syndicat représentant environ 200 personnes va-t-il compromettre l'avenir de 7500 personnes dont la majorité préférerait se mobiliser au moment où apparaît davantage de concurrence pour offrir à ses clients le service qu'ils sont en droit d'attendre?

Syndicats : la grande reconversion

*Même le patronat est d'accord, ils sont indispensables.
Mais, enfermés dans leurs vieux schémas, ils ne savent plus vraiment
se rendre utiles. Une seule solution : tout repenser.*

Dans le secteur privé, les grèves demeurent, dans l'ensemble, à la baisse. Bref, l'agitation syndicale, aujourd'hui, c'est d'abord celle qui agite les syndicats. Ils avaient déjà le souci que leur cause la désyndicalisation. La grève des agents de conduite de la SNCF leur en a apporté un supplémentaire. Car, la désyndicalisation, ils peuvent au moins la mesurer en termes quantitatifs: les adhérents, traditionnellement peu nombreux en France, sont réduits maintenant à moins de 20%, peut-être 15%, des 18 millions de salariés. Mais les mouvements «spontanés» des conducteurs de train, leur appréciation ne relève-t-elle pas de l'ordre qualitatif? La CGT a eu bien des raisons d'être déroutée devant eux. L'événement contrariait son programme, puisqu'elle avait elle-même arrêté une date pour l'agitation.

On a tort, lorsqu'on parle de la crise du syndicalisme, de ne pas mettre assez en valeur que celle-ci est le signe d'un changement plus général. Le centre de gravité des conflits se déplace. La séparation du social et de l'économique (au salarié la revendication, au patron la gestion) est périmée. Les chefs du personnel ne sont plus ce qu'ils étaient, il y a trente ans, des militaires en retraite: ils ont pris en main une part du social. Symétriquement, les employés tendent à s'intéresser à la gestion. Les négociations se décentralisent: elles ont lieu au niveau de l'entreprise, de l'atelier. On cesse de découper les problèmes par tranches pour les envisager globalement: conditions de travail, aménagement du temps de travail, salaires, etc.

Cette évolution générale, un sondage de la Sofres la confirme. Deux tiers des salariés souscrivent pleinement à l'idée d'entreprise. Plus de la moitié estiment important de faire entendre leur voix et d'être informés sur la marche de la maison. Leurs doléances? Elles portent essentiellement sur la médiocre réalisation de ces aspirations. La flexibilité des horaires de travail, d'abord réprouvée par les organisations syndicales, séduit. De même, le travail nocturne des femmes est loin d'être systématiquement rejeté par les intéressées, au demeurant fort piètrement représentées dans les états-majors, qui soutenaient pourtant le contraire.

Mais ce sont là des phénomènes auxquels le syndicalisme français a du mal à s'adapter. Déstabilisé, il est inévitablement porté à accuser gouvernement et patronat d'en profiter pour aggraver sa situation. En «faisant porter le chapeau» de la crise économique aux organisations. En tirant parti de la crainte du chômage. En invitant les salariés à des «concessions». Les syndicats commencent tout juste à soupçonner que pour se faire «écouter», il faut d'abord se faire entendre – c'est-à-dire comprendre. Leur presse? Leurs discours? Le mot «publicité» n'a pas cours. C'est celui de «propagande» qui continue d'être utilisé. Comme avant-guerre…

Alors, changer d'habitudes? Recourir au service des conseils en relations publiques? On s'y met, très doucement. Certes, le coût constitue un frein. Mais ce n'est pas la seule excuse… La préférence va (ce qui est en soi honorable) aux méthodes classiques: «Expliquer, chercher à convaincre…» Et fabriquer soi-même des slogans.

Autre problème: le recrutement. Où sont les militants d'autrefois? On n'en fait plus de ces anciens, dévoués corps et âme, chichement payés, auxquels la Centrale doit verser un pauvre complément de retraite. Si le syndicalisme attire des vocations, c'est aussi, parfois, en raison de la considération et de la promotion qui l'accompagnent dans l'entreprise.

Les syndicats rêvaient de transformer la société. Est-ce que la société serait en train de les conduire à se transformer?

Explication:
CGT = Confédération
générale du travail

1   What change has come about in the life of the unions?

2   What was significant about the train drivers' strike?

3   In what way has the relationship between employers and employees changed in the course of a generation?

4   What two changing attitudes on the part of the work force do the unions find it hard to accept?

5   How are the unions reacting to their loss of authority?

6   What criticism is made of the unions' public relations?

7   What is the attitude of the unions towards public relations?

8   Describe the change that has come about with regard to recruiting union representatives.

Exprimez autrement

Exprimez autrement les phrases suivantes, en essayant d'inclure dans votre nouvelle phrase les mots qui se trouvent entre crochets:

1   les grèves demeurent à la baisse [toujours en train]

2   la désyndicalisation [de moins en moins]

3   ne pas mettre assez en valeur [accorder]

4   la marche de la maison [fonctionne]

5   la médiocre réalisation de ces aspirations [décalage]

6   le coût constitue un frein [trop cher pour]

7   chichement payés [salaire]

8   attire des vocations [des gens qui]

La France est paresseuse

1   What disadvantage and what advantage did the speaker have in carrying out his research?

2   How does the French worker compare with the American and the Japanese in terms of time worked?

3   What is the consequence of this?

4   Why did the speaker hesitate to publish his book?

5   What has been the overall aim of workers and their unions, over the last 20 years?

6   What was the speaker's main aim in writing this book?

7   Who, surprisingly enough, encouraged him to publish?

8   What main proposal does he make with regard to the reorganisation of work?

9   What does he mean by 'flexilieu'?

10   What does he mean by 'flexiforce'?

11   What lessons have the French to learn from the countries of South-East Asia?

30 Heures par semaine: une utopie?

On continue à se battre – comme on n'a cessé de le faire depuis le début de la révolution industrielle – contre le travail et pour le loisir. Les résultats de cet effort ont été substantiels. En 1840, l'ouvrier, qui ne connaissait ni dimanche ni jours fériés, abattait ses quatre-vingt-dix heures par semaine: en 1971, il travaillait quarante-cinq heures en
10 moyenne. Aussi est-il naturel d'annoncer la généralisation de la semaine de trente heures aux alentours de l'an 2000.

On est beaucoup moins sûr aujourd'hui de cette perspective. Elle pourrait n'être qu'une vue de l'esprit, et la grande poussée vers la réduction du travail une époque désormais révolue dans notre évolution sociale. La semaine de trente heures est et restera un mythe, annon-
20 cent certains experts, et ils expliquent pourquoi.

Il n'est pas certain que les conditions techniques et économiques de la société postindustrielle permettent pareille réduction du temps de travail, et d'ailleurs, ajoutent-ils, il est encore moins certain qu'une telle évolution soit souhaitable. Ce qui est en cause c'est l'antagonisme même entre travail et loisirs; la
30 société future pourrait se caractériser par une toute nouvelle conception de la vie humaine, associant étroitement des activités d'éducation, de relaxation et de travail, ce dernier pouvant être rémunéré ou gratuit.

Pour avoir une idée de l'assujettissement que représente le travail, il faut y ajouter:

1) les cadences élevées qu'imposent la
40 technique moderne. Les exigences de la productivité ont conduit à un travail parcellaire et monotone qui engendre l'ennui; conséquence: la multiplication des accidents du travail;

2) la durée des trajets: elle représente une heure et demie environ dans la région parisienne et peut atteindre quatre heures par jour dans certains cas. Pour une journée de huit heures de travail, un
50 grand nombre de salariés sont absents de chez eux pendant douze heures;

3) le travail ménager et les soins aux enfants pour le parent actif représentent environ quatre heures qui sont incompressibles. Le parent français de trois enfants qui occupe un emploi connaît encore fréquemment des semaines de quatre-vingt-quatre heures soit plus du double de la semaine de quarante
60 heures.

Les possibilités de réduire la durée du travail sont désormais limitées pour les raisons suivantes:

1) le progrès technique. Il entraîne l'obsolescence rapide des machines – leur durée de vie ne dépasse guère trois ou quatre ans. Elles doivent, pendant cette courte période, être utilisées à plein rendement et les ouvriers qui y travaillent
70 ne pourront voir leur temps de travail considérablement réduit.

2) la modification de la structure de l'emploi. Le secteur secondaire (industrie), qui représente 30% actuellement, va diminuer considérablement en raison de l'automatisation croissante des tâches industrielles et de l'intervention des ordinateurs. On prévoit que 4 à 6% de la population active américaine suffiront
80 (vers l'an 2000) pour couvrir la totalité des besoins en nourriture et en produits manufacturés. Le secteur tertiaire (services, banques, assurances) se gonflera alors des effectifs des secteurs primaires et secondaires. Les services représenteront environ 70% de tous les emplois (travail dans les bureaux, services ad-

ministratifs, gouvernementaux, et «du loisir». Conséquence: les temps res-
90 teront longs pour produire des services toujours plus importants et les gens travailleront autant sinon davantage, compte tenu de l'expansion des besoins.

3) l'exigence croissante de très haute qualification. Déjà dans les pays développés, les cadres, tous ceux qui occupent des postes de responsabilité, ont des horaires élevés, beaucoup plus que les ouvriers et les employés. Or il se
100 produit un phénomène – généralisé – de raréfaction de la main-d'œuvre qualifiée. La former coûte cher et elle restera une minorité. Le fossé se creusera entre la très haute qualification et la masse de travailleurs. Certains experts estiment que si la durée du travail de la main-d'œuvre la moins qualifiée diminue, en revanche, celle de la main d'œuvre la plus qualifiée aura tendance à
110 augmenter.

4) le conflit temps-argent. Pour remplir «leurs loisirs», beaucoup de travailleurs choisissent de faire soit des heures supplémentaires, soit de prendre un second métier «au noir»: travaux de peinture, jardinage, bricolage. Si on voulait réduire d'une manière substantielle le temps de travail et consacrer plus de temps aux loisirs et à des activités non
120 rémunérées, ce sont toutes les habitudes de consommation et la priorité donnée aux besoins individuels qu'il faudrait remettre en cause. Si les personnes interrogées préfèrent l'augmentation de leurs revenus à l'allongement de leurs loisirs, c'est qu'elles ne sont pas prêtes à «vivre en loisir». On assiste dès maintenant à une certaine déshérence des gens devant le loisir, qui nécessite la mise en
130 place d'une véritable infrastructure culturelle et sportive. Pour toutes ces raisons, beaucoup d'économistes estiment que «la société des loisirs», telle qu'on l'a envisagée jusqu'à présent – c'est-à-dire sous la seule forme d'une réduction considérable du temps de travail, est un mythe. Des journées longues empêchent toute participation à la vie active, l'existence d'une vie familiale

réelle, le perfectionnement et le recyclage. La revendication de la réduction de la durée du travail s'inscrit dans le cadre plus général de la revendication de la «qualité de la vie». L'accent est mis sur l'amélioration des conditions de vie, qu'il s'agisse des rapports entre l'individu et la nature, ou l'individu et son travail. Mais en même temps, nous l'avons noté, quand

10 on a trop de loisirs, on ne sait qu'en faire.

Le travail moderne est une chose triste, une tâche accomplie uniquement pour son résultat, sous le signe de l'efficience. Les gens qui semblent avoir une vie heureuse ne sont pas ceux qui travaillent peu, mais ceux qui prennent plaisir à accomplir leur tâche. Dans l'avenir la recherche de l'agrément du

20 travail prendra sans doute beaucoup plus d'importance que la revendication de réduire sa durée.

SUMMARISE   the passage by answering briefly the following questions:
1   Why is the idea of a 30-hour week in 2000 'natural'?
2   Why might this idea now be out of date?
3   What two factors make going to work burdensome?
4   What is the likely effect on working hours of a) machines which soon become obsolete, b) computerisation and c) the need for high qualifications?
5   What apparent contradiction exists in the attitude of workers towards free time?
6   Where should the emphasis lie in future reforms?

Remplissez les blancs

Remplissez les blancs pour compléter le sens de chaque phrase, en tenant compte du contenu de l'article. Un mot suffit pour remplir chaque blanc.
1   On a toujours mené une _____ contre le travail.
2   En 1840 l'ouvrier n'avait jamais une journée de _____.
3   La semaine de trente heures va se _____.
4   Il n'est pas certain que cette réduction _____ souhaitable.
5   A l'avenir on pourra travailler, se former et _____ en même temps.
6   Plus son travail est _____, plus on risque d'avoir un accident.
7   Beaucoup de salariés passent plus d'une heure par jour à faire la _____ entre leur domicile et leur travail.
8   Les tâches industrielles deviennent de plus en plus _____.
9   Les besoins dans le domaine des services vont _____.
10   Les cadres ont une semaine de travail relativement _____.
11   Le coût de la _____ de toute main-d'œuvre qualifiée est élevée.
12   On attend une _____ de la durée du travail des ouvriers.
13   Cela ne va pas sans _____ qu'on accepte un niveau de vie plus limité.
14   Une telle réduction entraîne la _____ en cause de la priorité donnée aux besoins individuels.
15   Une amélioration des conditions de vie consiste pour beaucoup de gens à avoir plus d'_____ plutôt que plus de _____.

QUATRIÈME PARTIE

Déboucher dans le monde actuel

Le siècle des automobiles et des multinationales

Une interview de Jacques Lesourne

Première partie: interview de Phosphore: magazine pour les jeunes.

Phosphore: Qu'est-ce qui fait la singularité de notre siècle pour un économiste?

J.L.: On peut retenir au moins cinq grandes caractéristiques. en commen-
10 çant par la plus importante et la seule à être vraiment mondiale: la démographie. Le XXe siècle aura connu la plus forte croissance démographique jamais enregistrée dans l'histoire de l'humanité. En l'an 2000, nous serons six milliards, soit un triplement en un siècle et l'essentiel de cette croissance s'est fait dans le Tiers-Monde.

Second phénomène, l'urbanisation. Si
20 déjà au XIXe siècle, on assiste au développement de grandes cités occidentales, telles que l'agglomération parisienne, Londres, New York, le XXe siècle voit l'extension de cette urbanisation au monde entier. Mexico comptera 28 à 30 millions d'habitants à la fin de ce siècle.

Troisième phénomène, l'impact considérable de la science sur la technique. Certes, de tout temps, on trouve à
30 l'origine d'une technologie nouvelle une découverte importante. L'exemple le plus connu est le rôle de la machine à vapeur dans la grande révolution industrielle anglaise de la fin du XVIIIe siècle. Mais le XXe siècle se caractérise par l'importance que va prendre ce passage de l'innovation à l'industrialisation. Avec, bien sûr, des phases successives… Le début du siècle est marqué par la deuxième
40 révolution industrielle. Autour de l'automobile d'abord, puis de l'aviation qui entraînent un changement considérable de nos modes de transport. Autour de la chimie avec une multitude d'implications industrielles. Autour de l'électricité enfin:

le XXe siècle en effet se caractérise par la diversification des sources d'énergie (pétrole, énergie hydraulique, gaz, nucléaire) alors que le XIXe siècle ne
50 connaissait qu'une seule source d'énergie: la houille.

Autre diversification massive, celle des matériaux: le siècle commence avec l'acier, les métaux non ferreux et les fibres naturelles, et se termine sur une variété de matériaux disponibles infiniment plus riche. Alors qu'il avait fallu un siècle et demi pour que la première révolution industrielle prenne tout son
60 développement, le XXe siècle va en connaître deux grandes; la troisième est déjà bien en route aujourd'hui avec l'électronique et ses conséquences sur l'information, les télécommunications, etc. et les biotechnologies, appelées aussi les technologies de vivant, basées sur la bactérie.

Quatrième phénomène, l'élargissement progressif de l'industrialisation dans
70 le monde. En 1900, l'industrialisation est encore principalement européenne, mais le concurrent américain commence à être bien présent. La Russie tsariste et le Japon connaissent un décollage industriel: déjà s'affirment à côté de l'Europe les trois grands pôles de développement du siècle.

Les autres zones d'industrialisation n'apparaîtront qu'après 1945, après la
80 décolonisation. Le Tiers-Monde, qui représente plus de 75% de l'humanité si on y inclut la Chine, va réagir au développement économique de façon très diverse puisque l'Inde et la Chine connaissent des formes de développement différentes l'une de l'autre, mais très réelles, les pays du Sud-Est asiatique font actuellement une percée remarquable, tandis que l'Afrique s'enfonce.
90 Cinquième phénomène, l'accroisse-

ment considérable du niveau de vie dans les pays occidentaux. Niveau matériel mais aussi qualitatif, l'individu disposant d'un temps beaucoup plus grand de non-travail, temps qu'il peut gérer comme il l'entend. Si le niveau de vie s'est élevé relativement lentement jusqu'en 1929 pour stagner ensuite jusqu'à la guerre, il a connu, entre 1950 et 1974, un
100 accroissement colossal et une augmentation plus lente depuis.

Deuxième partie:

Phos.: A quoi est due cette formidable croissance occidentale: au prix peu élevé des matières premières? Au pétrole bon marché?

J.L.: C'est un rôle surestimé, à mon
110 avis. Il y a eu, tout au long de l'histoire, des matières premières bon marché sans qu'il y ait pour autant à chaque fois croissance. La croissance résulte avant tout d'attitudes sociales.

Ainsi l'Europe, alors que les Etats-Unis étaient en train de devenir un très grand pays industriel, a connu un certain déclin pendant la première moitié du siècle. Elle payait les plaies du XIXe siècle: l'émigra-
120 tion rurale et la création d'un prolétariat industriel, qui a provoqué des clivages sociaux très forts (c'est la naissance du mouvement ouvrier et la montée du socialisme et du fascisme).

Par contre, après 1945, tous les pays européens, à part l'Angleterre, se retrouvant dans le camp des vaincus, ont été obligés de renouveler leurs élites. La classe dirigeante s'était déconsidérée
130 dans le fascisme et la collaboration, l'avenir ne pouvait être confié qu'à des gens différents. La Grande-Bretagne, qui n'avait pas ce problème, s'est enfermée dans son conservatisme et du coup a connu une croissance moindre que les autres pays européens. Ceci explique le

succès du Japon: après la chute du grand rêve impérial, les Japonais savent qu'ils doivent absolument réussir quelque part.

Phos.: Néanmoins, malgré cette parenthèse de trente ans (1950–1980) qu'on a appelés les «trente glorieuses», l'Europe a poursuivi son déclin?

J.L.: Sans doute parce que la génération qui a suivi celle des années d'après guerre a eu moins de choses à se prouver, qu'elle a davantage cherché à se réaliser en tant qu'individus. Mais, il n'est pas certain que ces attitudes moins combatives se maintiennent jusqu'à la fin du siècle.

Phos.: Le XXe siècle, c'est aussi le rôle beaucoup plus important donné à l'Etat dans la vie économique et sociale…

J.L.: C'est certain. Pour sortir les pays de la grande crise des années 30, d'abord, avec le «New Deal» aux Etats-Unis, le Front populaire en France, la nationalisation des banques et de la grande industrie par Mussolini, l'économie de guerre par Hitler. Après 1945, l'Etat se fait de plus en plus protecteur (Sécurité sociale); il intervient dans l'économie, une économie libérale qui fonctionne en gros selon la loi de l'offre et de la demande.

Autre prix à payer d'un Etat de plus en plus interventionniste: l'inflation, qui est une autre caractéristique du XXe siècle. L'Etat, libéré de toute référence à l'or, peut désormais faire marcher la planche à billets autant qu'il le désire.

Phos.: Un peu partout dans les sociétés occidentales, le XXe siècle a vu la montée des salariés avec, en leur sein, un nombre toujours croissant d'employés. Sommes-nous le siècle des cols blancs?

J.L.: Ce n'est pas vrai pour tout le siècle, au moins en France, pays agricole jusqu'à la guerre qui n'achèvera son émigration rurale qu'en 1965. Jusqu'à ces derniers temps, les couches ouvrières ont également pesé d'un très grand poids. Mais, il est exact que la tendance actuelle est à la constitution d'une classe moyenne de plus en plus large où le poids des techniciens de toute catégorie s'accroît, alors que des groupes sociaux qui étaient leaders dans la société d'hier s'effondrent, les médecins par exemple. En tout cas, et c'est bien la caractéristique de notre société, le savoir collectif est dans un très grand nombre de têtes.

SUMMARISE in English in not more than 200 words the five main points made by the writer in Part 1 of this article.

TRANSLATE into English the paragraph beginning 'Par contre . . .'

EXPLAIN in English the significance of each of the following, taken in context:
1 le Tiers-Monde (**60**, 18)
2 la houille (**60**, 51)
3 un décollage (**60**, 74)
4 s'enfonce (**60**, 89)
5 les plaies (**60**, 119)
6 protecteur (**61**, 28)
7 émigration (**61**, 48)

Remplissez les blancs

Je _____ que c'est un rôle surestimé. Il y a _____ eu des matières premières peu _____ sans qu'il y ait pour autant à chaque fois croissance. La croissance résulte _____ d'attitudes sociales.

Ainsi l'Europe, pendant que les Etats-Unis _____ un très grand pays industriel, a connu un certain déclin pendant les cinq premiers _____ du siècle.

Expliquez en français

1 l'émigration rurale (**60**, 119)
2 le mouvement ouvrier (**60**, 131)
3 la classe dirigeante s'était déconsidérée dans le fascisme et la collaboration (**60**, 128)
4 ces attitudes moins combatives (**61**, 15)
5 la loi de l'offre et de la demande (**61**, 31)
6 faire marcher la planche à billets (**61**, 37)
7 peser d'un très grand poids (**61**, 50)
8 la tendance actuelle (**61**, 52)

Débat

«Sommes-nous le siècle des cols blancs?» La réponse impliquée par cet article est manifestement affirmative. Quelles sont les causes de ce grand changement social?

[*/*] 1 Expliquez pourquoi on a choisi les photos et les expressions que vous trouverez à la page 62 pour résumer l'évolution du vingtième siècle.
-- Proposez des possibilités pour remplir les trous et justifiez votre choix à un partenaire.
2 Quelle est l'importance des évolutions signalées dans la colonne de droite?

	OBJETS	TÊTES D'AFFICHE	AMBIANCE	RELATIONS	MOTS CLÉS
1900	1908 : L'aspirateur	Charles Pathé et l'industrie du cinéma	Exposition universelle à Paris	1909 : les Auberges de Jeunesse	**TÉLÉPHONE** 1900 : 70 000 foyers sont abonnés au téléphone ; aujourd'hui, trois foyers sur quatre
1910	1910 : le tube néon 1913 : le réfrigérateur 1919 : le vide-ordures	Rudolph Valentino	Pendant la Première Guerre mondiale, les femmes remplacent les hommes aux postes de production	les premiers scouts	**VOITURE** « La voiture est pour le XXᵉ siècle l'équivalent des grandes cathédrales gothiques » Roland Barthes (*Mythologies*)
1920	1924 : le Kleenex 1925 : le scotch	Louise Brooks : les cheveux courts		1920 Aux U.S.A., le droit de vote est accordé aux femmes	**TROISIÈME AGE** Les personnes âgées représentent 12,7 % de la population française en 1900, 18,7 % en 1984
1930	1939 : le Livre de poche	André Citroën	Congés payés : Pour la 1ʳᵉ fois de leur existence, des milliers de Français découvrent les vacances au bord de l'eau	En Europe, encadrement de la jeunesse dans un but politique	**CONSOMMATION** « L'amoncellement, trait le plus frappant de notre société... (est) la négation magique et définitive de la rareté » Jean Baudrillart (*La société de consommation*)
1940	1940 : le hamburger	Simone de Beauvoir : *Le deuxième sexe*		La presse audiovisuelle prend son essor. Premier journal télévisé en 1939 à New York	**COUPLE** Au XVIIIᵉ siècle, la durée moyenne d'un couple était de 17 ans ; elle est aujourd'hui de 47 ans
1950	1950 : la télévision 1950 : la carte de crédit 1952 : la photocopie 1953 : le stylo à bille	Marilyn Monroe	Les grands ensembles	Le poids du troisième âge	**VILLES** Plus de 50 % des Français habitent dans des villes de plus de 50 000 habitants
1960	1960 : le jean des teenagers	Jean Vilar : le T.N.P.	Mai 68	L'amour au grand jour	**INFORMATION** Des millions de personnes consomment au même moment la même masse d'informations
1970	1970 : la montre à quartz 1974 : la carte à mémoire	J. Fonda : le culte du corps	Hypermarchés	Les nouveaux pères	**ENFANTS** 43 % des dépenses des foyers en biens et services concernent les enfants
1980		1978 : Simone Veil : la loi sur l'I.V.G.		Une « culture jeune » ?	

Plus j'avance

Je ne suis pas de ceux qui, en prenant de la bouteille, se sentent l'âme d'un grand cru et font rimer connaissance avec sénescence. Au contraire. Plus j'avance en âge et moins je comprends de choses. La ligne d'horizon ne se contente pas de reculer au fur et à mesure que je marche, elle ne cesse de s'éloigner davantage. Au point que je ne vois plus qu'une formule capable de résumer ma perception de mon époque et de mes contemporains: le mystère s'épaissit. Tant il est vrai que les quelques problèmes que j'ai pu élucider en cinq décennies ne sauraient compenser les centaines de questions demeurées sans réponse dans le même temps.

Encore ne fais-je pas figurer dans la nomenclature de mes vaines interrogations tout ce qui touche au progrès technique, puisqu'il me semble aujourd'hui démontré que l'on peut parfaitement passer pour un citoyen conscient, averti, responsable et ne pas saisir un iota du fonctionnement de la télévision (surtout privée), du téléphone (surtout sans fil) et de ces ordinateurs qui tiennent le haut du pavé en ne nous restituant, par définition pourtant, que ce que nous connaissions déjà.

Avouerais-je que je ne vois jamais une lampe s'allumer, un avion décoller, un laser rayonner et le Philharmonique de Berlin sortir d'un disque compact sans éprouver la double et contradictoire impression d'être complètement demeuré et d'appartenir à une génération de petits génies? Il va sans dire que je ne suis pas plus familier avec la géométrie, l'algèbre, la physique, la chimie, toutes disciplines m'ayant valu ces zéros que, bien longtemps avant mai 1968, on appelait «zéros pointés» afin de ne pas confondre les accidents de parcours et l'irrécupérabilité chronique. A quoi je dois encore ajouter, si je veux être complet faute d'être intelligent, une allergie totale à toutes les langues étrangères.

Voilà pour les lacunes de la jeunesse. Passons, si vous le voulez bien, au vide de l'âge mûr. Il concerne d'abord tout ce qui a trait à l'économie. La spéculation sur les monnaies, le soutien au franc «durement attaqué par le deutsche Mark et le yen» me plongent dans des abîmes de stupéfaction d'autant plus profonds que l'on m'informe toujours de ce que ce style d'opération a coûté aux banques centrales et jamais de la façon dont ces dernières reconstituent périodiquement, j'imagine, leurs précieuses réserves. C'est dire si la Bourse demeure pour moi un mystère.

Sur un plan plus badin j'ambitionne de saisir pourquoi il suffit qu'à l'étranger je dise «please» pour qu'on me réponde (dans le meilleur des cas) en français, pourquoi il accourt de plus en plus de monde vers les festivals où l'on s'amuse de moins en moins, pourquoi (Alain Delon dixit) «les vedettes d'aujourd'hui ressemblent à des plombiers» (peut-être parce qu'il est plus difficile de trouver un plombier disponible qu'un comédien vacant?), pourquoi, dans une société surmédiatisée, les compagnies aériennes, pourtant à la pointe du progrès, mettent un point d'honneur à ne jamais donner aucune information aux passagers, pourquoi les chaînes de télévision offrent toutes les mêmes émissions à la même heure (l'autre samedi après-midi il y avait six dessins animés vers seize heures!), pourquoi les médecins paraissent aussi fiers de leur science quand ils condamnent un malade que lorsqu'ils le sauvent, pourquoi les enfants, les journalistes, les électeurs, les délégués du personnel se contentent d'aussi petites réponses à leurs grandes questions, pourquoi on continue à décorer les militaires en période de paix, pourquoi le SMIC n'est pas fixé à dix mille francs et pourquoi il est plus honorable aujourd'hui d'être milliardaire de gauche que pauvre de droite.

1 How old is the writer?
2 What does he see as the relationship between age and knowledge?
3 What is his attitude towards technical knowledge in general and computers in particular?
4 How did he perform at school in maths, science and languages?
5 Why is he stupefied by currency speculation?
6 What would you say is the writer's intention in this article?

Exprimez autrement:

Exprimez autrement en français:
1 font rimer connaissance avec sénescence (l.03)
2 ne pas saisir un iota (l.24)
3 tiennent le haut du pavé (l.27)
4 être complètement demeuré (l.36)
5 l'irrécupérabilité chronique (l.45)
6 une allergie totale (l.47)
7 une société surmédiatisée (l.76)

/ 1 Quelles sont pour vous les questions à propos de votre époque et de vos contemporains qui demeurent sans réponse?
2 Que pensez-vous de l'opinion de l'auteur au sujet des ordinateurs?
3 Expliquez la différence entre «les accidents de parcours» et «l'irrécupérabilité chronique» dans le domaine des études.
4 Ajoutez au dernier paragraphe des exemples tirés de votre expérience personnelle.

La famille: une idée moderne

En péril, la famille? Allons donc! Que nos moralistes se rassurent: la famille a résisté à tous les chocs – et Dieu sait s'il y en a eu, ces dernières décennies! Elle survit, vit et revit. Et reste bien la cellule de base de notre société. Mieux, elle est redevenue une valeur sûre. Plébiscitée par les jeunes, chérie par les parents, défendue par la gauche comme par la droite! Ses supporters font presque l'unanimité. «Réussir» sa famille, voilà la grande affaire, le vrai bonheur à portée de la main. Bref, la famille, on aime. C'est douillet, protecteur et commode. Pourquoi donc la haïr?

Une redécouverte? En partie. Mais il y a plus. Beaucoup plus que des regains de tendresse. Il y a une aspiration profonde, collective, à vivre dans son foyer, à promouvoir le clan familial. Les sociologues parlent d'un «besoin croissant de la famille». Logique: dans une société en mutation rapide, où l'angoisse est à tous les coins de rue, la famille apparaît comme un refuge.

«Où investir, sinon dans la vie privée? dit le Pr Serge Lemaire, fondateur de l'Association française des conseillers conjugaux. Partout ailleurs, c'est le vide idéologique. La ferveur religieuse est en baisse. La politique a la langue de bois. Les syndicats n'ont plus la cote. Alors, on se replie sur le couple, sur les enfants, dont on attend des choses extraordinaires.»

La crise aidant, la famille s'est aussi révélée comme un remarquable réseau de solidarités. Les études s'allongent, il est difficile de trouver du travail? Les jeunes s'attardent sous le toit familial. Un couple a du mal à s'installer? Les parents viennent à son secours. Il est malaisé de faire garder les enfants? Les grands-parents s'instituent baby-sitters. L'Etat-providence s'essouffle, la famille prend le relais. Toute une économie d'échange – de services et de biens – s'est ainsi instaurée, sans publicité ni statistiques, et joue comme amortisseur de la crise.

Etonnante vitalité! Et, pourtant, quelles secousses a subies le modèle familial depuis vingt ans! Le nombre des mariages chute, celui des divorces grimpe. Si l'évolution actuelle se poursuit, un mariage sur quatre aboutira à un divorce, et près d'un jeune sur deux ne convolera jamais en justes noces, pour 10% dans les années 60. L'union libre, en revanche, progresse à grands pas. A 30 ans, un couple sur dix n'est pas passé par la mairie. Plus grave, le déficit des mariages n'est compensé qu'aux trois quarts par les unions libres.

L'instabilité des unions conduit aux familles monoparentales: un parent seul – le plus souvent une femme – avec un ou plusieurs enfants. Elles représentent plus d'une famille avec enfants sur dix.

Les années post-soixante-huitardes ont été cruciales. La famille, dont le modèle jusqu'alors avait paru immuable, s'est vue devenir la cible de toutes les revendications à plus de liberté, de toutes les aspirations à vivre «autrement». Les jeunes rejettent l'autorité parentale, les rites familiaux et le mariage, au nom d'un individualisme roi ou d'un esprit communautaire qui honnit les institutions et prône l'égalité. Au revoir papa, au revoir maman!

Plus grave, les femmes basculent dans la contestation: elles refusent désormais le sort qui leur était imposé. Elles veulent s'assumer, choisir leur sexualité et leur maternité, changer leur rôle dans la société. Or, plus elles sont diplômées, actives et cadres, plus elles cohabitent, plus elles se marient et font des enfants tard et plus elles demandent le divorce! Cette fois, ce n'est pas la maison qui se vide, c'est la charpente qui est ébranlée.

Pauvre famille! Certains la jugent moribonde. Eh bien non, elle résiste! Au prix d'un sérieux chambardement, d'une véritable métamorphose. D'abord, dans le partage de l'autorité et des libertés. Tout repose sur un consensus affectif et très respectueux des libertés de chacun: fais-moi plaisir, mais ne touche pas à mes affaires.

Les familles monoparentales ne sont pas constituées que de victimes, loin de là: on préfère maintenant courir le risque – temporaire – d'être un parent «seul» plutôt que de souffrir la médiocrité d'une union. Pourtant, plus elle avance en âge, plus la femme aura du mal à revenir sur ce choix: elle paie plus cher que l'homme la rançon de son autonomie. Enfin, le taux de fécondité des couples non mariés est encore très inférieur à celui des couples légitimes. Mais certains exemples sont rassurants: ainsi, en Suède, où l'union libre a été admise bien plus tôt qu'en France, l'écart entre les taux de fécondité des deux types de familles s'est comblé. L'évolution récente laisse espérer qu'il en sera de même dans notre pays.

L'optimisme reste de règle. Par sa capacité d'adaptation, sa flexibilité, sa solidarité, la famille a montré qu'elle pouvait répondre à toutes les exigences de notre époque. Vraiment, la famille, c'est une idée moderne.

Remplissez les blancs

Remplissez les blancs en utilisant, à l'aide d'un dictionnaire si vous voulez, un mot qui complète le sens de la phrase pour donner un résumé des idées exprimées dans l'article.

La vie familiale n'est pas sur le point de _____. La famille peut nous _____ contre l'angoisse. La famille _____ aux besoins des jeunes quand ils _____ leurs études, quand ils ont du mal à trouver un _____, quand ils ont des difficultés _____, quand ils sont au _____. Dans l'ensemble, le nombre des couples _____. A partir de 1968, les jeunes se sont _____ contre l'autorité parentale. Les femmes n'ont pas voulu _____ sur la même voie. Maintenant, à chacun de _____ la liberté des autres.

1 Explain the term 'le vide idéologique' as used here, and its effect on our attitude to family life.
2 In what ways is the family taking over the role of the welfare state?
3 On balance, are there more or fewer people living as couples?
4 What values did the post-1968 generation of young people propose?
5 Explain the significance of the expression 'c'est la charpente qui est ébranlée' as used in this context. What is your reaction to the author's views on this subject?
6 What point is made about developments in Sweden?

SUMMARISE the point made about one-parent families.

 Les femmes et les enfants d'abord

Listen to the interview with a French politician and answer the following questions:
1 In what way can the government motivate couples to have children?
2 What factor will make the demographic curve move upwards?
3 Who will receive the 'allocation parentale d'éducation'?
4 For how long?
5 How will the size of the allowance be calculated?
6 What increase in government spending does this entail?
7 What other areas will be looked at with a view to improving conditions for families?
8 How can the government help women who wish to work and raise a family?
9 Who, outside government circles, is being consulted?

/ Expliquez les courbes et donnez votre avis là-dessus. Comment envisagez-vous la vie familiale?

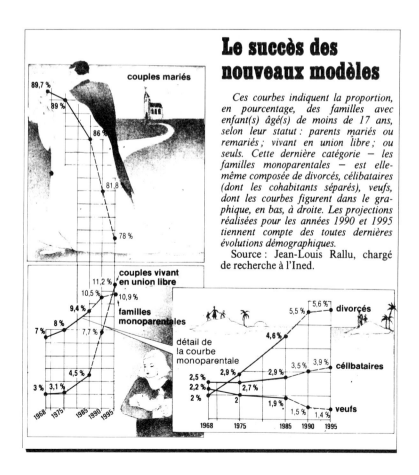

Le succès des nouveaux modèles

Ces courbes indiquent la proportion, en pourcentage, des familles avec enfant(s) âgé(s) de moins de 17 ans, selon leur statut : parents mariés ou remariés ; vivant en union libre ; ou seuls. Cette dernière catégorie − les familles monoparentales − est elle-même composée de divorcés, célibataires (dont les cohabitants séparés), veufs, dont les courbes figurent dans le graphique, en bas, à droite. Les projections réalisées pour les années 1990 et 1995 tiennent compte des toutes dernières évolutions démographiques.

Source : Jean-Louis Rallu, chargé de recherche à l'Ined.

Sommes-nous une tribu cassée?

Une anthropologue américaine a distingué trois cultures différentes: dans la culture «postfigurative», ce sont les grands-parents et les parents qui transmettent aux enfants des modèles et des valeurs considérés comme immuables. L'avenir des enfants est en quelque sorte contenu dans le passé des adultes, et ceux-ci ne peuvent pas concevoir pour
10 leurs descendants un avenir différent. L'idée d'un changement dans leur mode de vie est exclue. Dans ces sociétés primitives ou traditionnelles, la famille est caractérisée par la présence de trois générations, grands-parents, parents, enfants. Les grands-parents confirment ce que disent les parents. Les enfants sont entourés de certitudes. Il n'y a pas de critique, ni de remise en question.
20   Le second modèle est celui de la culture «cofigurative»: elle intègre l'idée du changement; chaque génération peut avoir un comportement différent; ce ne sont plus les aînés qui fournissent aux jeunes les modèles de comportement, mais leurs pairs, leurs contemporains. Les jeunes trouvent leurs modèles dans leur propre génération. Mais les adultes gardent tout le pouvoir et se maintien-
30 nent dans une situation dominante. En revanche, dans ces sociétés, qui sont en grande partie celle du monde contemporain, les grands-parents sont absents. La famille est le plus souvent réduite aux parents et aux enfants. Ces derniers, coupés des anciens, perdent ainsi le lien avec le passé.
   Enfin, une culture «préfigurative» est en train de naître: elle se caractérise par

40 le fait que les aînés ont également à apprendre de l'enfant.
   Dans le monde moderne, en effet, les adultes acceptent l'idée que les enfants vont vivre dans un univers différent, qu'ils auront une meilleure éducation, qu'ils réussiront mieux.
   Ils sont chez eux dans ce temps. Dans le ciel, au-dessus de leurs têtes, les satellites constituent des objets familiers.
50 Ils n'ont jamais connu de temps où la guerre ne menaçait pas le monde d'une annihilation totale. Lorsqu'on leur cite des faits, ils comprennent aussitôt qu'une pollution continue de l'air, de l'eau et du sol rendra rapidement notre planète inhabitable, et qu'il sera impossible de nourrir une population mondiale indéfiniment croissante. Conscients d'être membres d'une seule espèce, au sein d'une
60 communauté mondiale sous-développée, ils savent que les distinctions odieuses fondées sur les races ou les religions constituent des anachronismes. Ils comprennent la nécessité vitale d'un ordre mondial et insistent pour le réaliser.
   A leurs yeux, la suppression d'un ennemi ne diffère pas qualitativement du meurtre d'un voisin. Ils ne peuvent
70 concilier les efforts que nous faisons pour sauver nos propres enfants par tous les moyens avec le fait que nous sommes prêts à détruire avec du napalm les enfants des autres. Les vieilles distinctions entre temps de paix et temps de guerre, ami et ennemi, «mon» parti et les «autres» – les étrangers – ont perdu leur signification.
   En appréhendant le monde d'une
80 manière différente de celle des adultes, les jeunes observent en même temps la faillite de ces derniers, incapables de résoudre les problèmes qui se posent. Il leur suffit d'ouvrir les yeux pour s'apercevoir que ceux-ci tâtonnent, qu'ils s'acquittent maladroitement et souvent sans succès des tâches que leur imposent les nouvelles conditions de vie. Ils voient que leurs aînés usent de moyens inefficaces,
90 que leurs résultats sont médiocres et leurs succès incertains. Les jeunes ignorent ce qu'il faut faire, mais ils

sentent qu'il existe certainement un meilleur moyen de le faire.
   Aussi longtemps que les adultes penseront que, comme les parents et les maîtres d'autrefois, ils peuvent procéder par introspection, invoquer leur propre jeunesse pour comprendre la jeunesse
100 actuelle, ils seront perdus. Ils n'entendront pas – ou, s'ils prêtent l'oreille, ne comprendront pas – ce que la jeune génération tente d'exprimer. Les cultures «postfiguratives» – centrées sur les aînés, ceux qui avaient appris le plus et qui étaient capables de tirer le plus de ce qu'ils avaient appris – étaient des systèmes essentiellement clos qui reproduisaient indéfiniment le passé. Nous
110 devons maintenant travailler à la création de systèmes centrés sur l'avenir, c'est-à-dire sur des enfants dont les capacités nous sont inconnues et dont les choix doivent demeurer ouverts.

1   What does the writer see as a) the main advantage and b) the main disadvantage for a child exposed to the 'postfigurative' style of upbringing?
2   What is the role of parents in the 'cofigurative' situation?
3   What is the significance of the absence of grandparents from this situation?
4   In what way is the role of the child different in the third system?
5   In what sense do parents feel a) confident b) threatened?
6   Young people see many things from a viewpoint conditioned by the rapidity of change. What are these, and how does their perception differ from that of the older generation?

7   In what way do young people take a dim view of the achievements of their elders?
8   What must adults stop doing as a first step towards improving their understanding of the young?

Exprimez autrement

Exprimez autrement en français:

1   immuables (l.06)
2   remise en question (l.19)
3   coupés des anciens (l.36)
4   des anachronismes (l.63)
5   tâtonnent (l.85)

 Préparez vos réponses aux questions suivantes:

1   Trouvez-vous que les valeurs morales des grands-parents exercent une influence sur la plupart des juenes?
2   Est-ce que la critique et la mise en cause sont possibles dans les familles que vous connaissez? Qu'est-ce que vous remettez en cause?
3   Dans quels domaines est-ce que vos contemporains vous fournissent des modèles de comportement?
4   Trouvez-vous que les aînés aient à apprendre des enfants? A quel sujet?
5   Est-ce qu'on trouve toujours dans le monde les « distinctions odieuses » dont on parle ici (l.61)? Pourquoi (pas)?
6   A votre avis, dans quelle mesure est-ce que les jeunes acceptent les valeurs morales de leurs parents? Prenez des notes et comparez-les avec celles de votre partenaire.

7   Trouvez-vous que les adultes s'acquittent de leurs tâches maladroitement et souvent sans succès? Dans quel(s) domaine(s) pensez-vous qu'il existe un meilleur moyen de faire telle ou telle chose?
8   Considérez-vous cet article comme optimiste ou pessimiste? Expliquez votre réponse. Partagez-vous les conclusions de l'auteur?

Lisez le paragraphe suivant et comparez-le avec le dernier paragraphe de l'article ci-dessus. Est-ce qu'ils expriment tous les deux le même point de vue? Et de la même façon?

« L'adolescent éprouve le besoin absolu de se dégager de l'influence et de l'entourage familiaux qui se doivent de respecter sans critique ce travail de dégagement. Quelle que soit, comme pour un accouchement, l'inévitable inquiétude qu'il suscite. Sortir, c'est le mot-clé du bonheur à cet âge. »

Parlons religions
Interview de *Phosphore*

▌ Oui, la religion, les religions vous intéressent ! Jésus Christ ? Dieu et homme ? Vous êtes partagés... Pour vous, c'est son message le plus important. Dans le christianisme, il y a des points qui vous gênent, d'autres dont vous aimeriez discuter. Et parmi les religions orientales, c'est au bouddhisme que vous portez une attention particulière.

Nous avons demandé au P. Gabriel Nissim, producteur de l'émission *Le jour du Seigneur* sur A 2, de réagir à vos réponses.

Ne ratez pas le dimanche 6 décembre sur A 2 l'émission réalisée à partir de ce sondage avec des lecteurs de *Phosphore*. (Voir p. 4.)

Phosphore. — 83 % des jeunes non croyants et 19 % des croyants affirment qu'on peut vivre sans religion. Qu'en pensez-vous ?

Gabriel Nissim. — Je comprends que 83 % des non-croyants disent pouvoir vivre sans religion. Toutefois, peut-on réellement vivre « sans religion » ? Beaucoup de ceux qui disent vivre ainsi se tournent en fait vers des « substituts » de la religion : le succès de l'astrologie, de la voyance est frappant ! On ne chasse donc pas la religion si facilement que cela à moins d'avoir fait un choix raisonné pour l'athéisme. Je suis d'accord avec la majorité des jeunes qui pensent qu'on peut adhérer à une religion en en refusant certains aspects. Dans toute religion il y a des éléments intangibles et des éléments dus à des circonstances historiques et culturelles qui peuvent varier au fil du temps : le problème est de savoir ce qu'on rejette car on ne peut refuser ce qui est central.

Pour les croyants, Jésus est d'abord Fils de Dieu. Pour les autres, il est plutôt un sage ou un militant des droits de l'homme...

Sur l'identité de Jésus, à part « un illuminé », toutes les réponses me paraissent exactes mais partielles. On pouvait d'ailleurs donner plusieurs réponses. Même la réponse « le Fils de Dieu » donnée par 70 % des croyants ne dit pas tout du Christ, car on risque d'oublier toute l'humanité de Jésus qui était à la fois Dieu et homme.
Mais je ne suis absolument pas d'accord pour dire du Christ : *« C'est le message qui reste, pas l'homme ! »*. La personne humaine est toujours plus que son message. Je le vois bien quand un prédicateur parle à la messe télévisée : c'est sa personne qui touche, avant son message. Et c'est encore plus vrai pour le Christ. Le christianisme n'est pas l'adhésion à une doctrine, ou à un code moral, mais à une personne. Et le cœur du judéo-christianisme, c'est que nous pouvons avoir avec Dieu une relation personnelle et « mystique ». Bien peu de chrétiens s'imaginent pouvoir vivre cela. Pourtant, non seulement on le peut mais Dieu désire cette relation...

Et comment expliquer l'intérêt porté au bouddhisme ?

— Je suis d'abord frappé par le fait qu'il y ait autant de non-croyants que de croyants attirés par d'autres religions que le christianisme ! 37 % de non-croyants ont donc une préoccupation religieuse, ce qui est tout à fait significatif de l'intérêt actuel pour la religion.

En analysant les réponses, j'ai trouvé quatre éléments attirants aux yeux des jeunes : d'abord, la paix intérieure, la sagesse des bouddhistes, ensuite la tolérance, puis la réincarnation et enfin la conviction des pratiquants.

Or, il faut savoir que la paix intérieure existe dans le christianisme et qu'il existe des chemins pour y parvenir, mais on ne les connaît pas. Qu'on regarde une sainte Thérèse de l'Enfant-Jésus ou un François d'Assise : ces chrétiens avaient atteint une grande paix intérieure, tout en restant attentifs à la souffrance des autres, ce qui est un trait caractéristique du christianisme !
Dans le christianisme comme le bouddhisme, d'ailleurs, on est aussi conscient que ce cheminement est un combat spirituel qui exige du temps, des efforts et tout un cheminement intérieur. Cela, les jeunes ne le perçoivent pas souvent car ils pensent qu'il existe une « recette » pour atteindre l'unification intérieure. En réalité, cela demande un long entraînement.

Est-il donc possible de mélanger les religions ?

— Non. Il est illusoire de s'imaginer qu'il est possible de mélanger divers chemins, car c'est ne pas comprendre les exigences d'un cheminement spirituel. L'approfondissement ne passe pas par un mélange des religions ou des spiritualités, mais en poussant à bout son propre cheminement. Et quand on avance, on retrouve les autres. Plus les hommes s'approchent réellement de Dieu, plus ils s'approchent les uns des autres.

Pages réalisées par Michèle Dannus

Explication: *Phosphore* = revue hebdomadaire pour les jeunes.

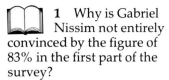

1 Why is Gabriel Nissim not entirely convinced by the figure of 83% in the first part of the survey?

2 Explain why he rejects the idea, 'C'est le message qui reste, pas l'homme'

3 What has impressed young people about Buddhism?

4 What qualities link Christian saints with the characteristics of Buddhist life?

5 What criticism does he level at young people and why?

6 Why does he consider that it is impossible to mix elements from different religions?

  Lisez les lettres à la page 70. Répondez aux questions suivantes:

1 1ère lettre: – Est-ce que cela arrive à tout le monde de demander à Dieu d'exaucer tel ou tel souhait?

– Dans quelles circonstances est-ce que les non-croyants prient?

– Pourquoi est-ce que l'athée se sent plus tranquille après avoir prié?

– Dans quelle mesure est-ce que vous partagez l'avis de Béatrice?

2 2e lettre:

– Quel aspect de la religion déplaît à Fanny?

– Quels aspects de la religion vous déplaisent?

– Pourquoi est-ce qu'il y a toujours eu des querelles religieuses?

– Quels exemples trouvez-vous dans le monde actuel?

– Est-ce que cela vous rend sceptique vis-à-vis de la religion?

3 Ecrivez une réponse à la lettre d'Alain pour dire si vous acceptez l'idée que les religions reculent, et expliquez vos réactions.

  Ecrivez un résumé des résultats du sondage à la page 71.

–Ajoutez vos réponses personnelles.

– Discutez-en avec votre partenaire.

CE QUE VOUS PENSEZ DE LA RELIGION

Pour réaliser notre dossier « Christianisme » (p. 27-42), nous avons fait appel à vous. Message reçu : vous avez été très nombreux à nous écrire... Beaucoup de vos lettres sont passionnantes. Impossible de les publier toutes. En voici quatre, parmi les plus significatives.

PARFOIS, JE LUI PARLE

Je n'ai pas de religion. C'est parce que j'ai beaucoup de mal à imaginer un être « invisible », supérieur à tout le reste. Je n'arrive pas à croire réellement en Dieu. Et pourtant, quelquefois, c'est plus fort que moi, je lui parle, je lui demande d'exaucer tel ou tel souhait. Après je me sens plus tranquille. Alors que faire? C'est l'indécision, ou plutôt, je reste telle que je suis, athée, parce que je ne me sens pas une âme à pratiquer avec ferveur une religion, quelle qu'elle soit.

Béatrice, 16 ans

JE N'ACCEPTE PAS TOUT

Je suis croyante. Mais malheureusement, je n'ai pas comme certain(e)s l'audace de le dire. De l'avouer! Comme une faute impardonnable (...).
Lorsque des jeunes, au lycée ou ailleurs, affirment à voix haute : *« Je crois en Dieu. Je suis catholique ou protestant(e). Musulman(e)... »*, je suis émerveillée. Et aussitôt je me mets à penser : *« Cette religion est belle. »* Puis, quelque temps après, un de ces jeunes me dit : *« Je suis pour la peine de mort. »* Souvent ce n'est pas dit comme ça. On rajoute : *« Pour ceux qui tuent des enfants »*, ou *« qui*

ont commis des attentats »... Georges Ibrahim Abdallah aurait eu 50 millions de fois la tête tranchée si on les écoutait! Je refuse la violence et les idées des personnes qui la revendiquent (...).
Je n'accepte aucune religion dans son intégralité, je me contente de croire en un être supérieur, sublime et bon! C'est peut-être une forme de lâcheté, direz-vous? Enfin, on peut aussi nommer cette hésitation scepticisme!...

Fanny, 16 ans et demi

J'AI DES COPAINS JUIFS ET MUSULMANS

Je suis catholique et pratiquante. Je suis très attachée à ma religion bien qu'il y ait des choses que je n'arrive pas très bien à assimiler. Mais cela ne veut pas dire devenir complètement fanatique et ne plus accepter que d'autres pratiquent d'autres religions. Au contraire, je pense que les échanges que l'on peut entretenir avec des personnes ayant une autre religion sont très enrichissants. Ainsi, j'ai des copains musulmans et juifs avec lesquels il m'arrive souvent de discuter de Dieu. J'ai compris que ce qui importait n'était pas la façon de prier (à genoux ou couché par terre), mais bien plutôt notre foi commune en un Dieu, créateur de toute chose.

Josiane, 18 ans

JE NE CROIS PAS EN DIEU

Moi, je ne crois pas en Dieu, et je m'en porte très bien moralement. Pourquoi n'y crois-je pas? Parce que je ne l'ai jamais ni vu, ni entendu, ni senti : pour que tout soit clair dans ma petite tête, je n'accepte que ce qui m'a été démontré, et pour le reste, je doute, tout en évaluant les degrés de vraisemblance. Or, rien ne prouve l'existence d'un Dieu, au contraire. Les religions sont des superstitions, héritées de la préhistoire. Les Égyptiens, pour s'expliquer les crues du Nil, y voyaient une bénédiction divine. Les Grecs prenaient la foudre pour l'expression d'une colère divine. Avec le temps, la vérité avance. Les religions reculent. (...) Comment ne pas douter? Comment croire en Dieu quand on sait que 40 000 enfants meurent de faim chaque jour?

Alain, 17 ans, T ^{1e} C

1 PEUT-ON VIVRE SANS RELIGION ?

Dans la liste suivante, quelle est l'affirmation qui correspond le plus à ce que vous pensez?	en %	
	Croyants	Non-croyants
Il est important d'appartenir à une religion précise ..	45	1
On peut très bien vivre sans religion	19	83
L'essentiel est de croire en un être supérieur même si on ne pratique pas	35	16
Sans réponse	1	–

Voici une autre liste d'affirmations. Cochez celle (ou celles) avec laquelle vous êtes le plus en accord (*)	en %	
	Croyants	Non-croyants
On peut adhérer à une religion en en refusant certains aspects	56	57
Toutes les religions se valent	28	44
Quand on adhère à une religion, il faut l'accepter dans son intégralité	27	19
Quand on adhère à une religion, il est important de pratiquer régulièrement	31	10

(*) Total supérieur à 100 car possibilité de réponses multiples.

2 ÊTRE CHRÉTIEN, C'EST QUOI ?

A votre avis, qu'est-ce qui fait l'originalité du christianisme par rapport aux autres religions?

Question difficile! Beaucoup n'ont pas répondu. Vous citez dans l'ordre :

1. **La reconnaissance de Jésus-Christ comme vrai Dieu.** 2. Le monothéisme (qui pourtant n'est pas propre au christianisme!). 3. La liberté. 4. La tolérance, l'amour. Par ailleurs, **les dogmes et la théologie** chrétiennes vous tracassent. Vous comprenez mal les « mystères de la religion », la Trinité, l'Immaculée Conception... **Et vous aimeriez en discuter** avec le Pape (33 %) et le clergé (32 %). Pas avec les copains (7 %) ni les chrétiens laïques...

Pour vous, être chrétien, c'est quoi?	en %	
	Croyants	Non-croyants
Aller à la messe	13	6
Avoir la foi	73	62
Prier	13	5
Observer dans sa vie un certain nombre de règles morales	31	34
Autre	–	–

QUI A RÉPONDU A CE SONDAGE?

84 % de ceux qui nous ont répondu sont baptisés pour la plupart dans la religion chrétienne. 64 % se déclarent aujourd'hui croyants, pratiquants ou non (contre 36 % de non-croyants). Au lieu de donner des résultats globaux, nous avons trouvé plus significatif de donner pour chaque question la réponse des croyants et celle des non-croyants.

3 QUI EST LE CHRIST POUR VOUS ?

Qui est le Christ pour vous?	en %	
	Croyants	Non-croyants
Un fils de charpentier	5	15
Un militant des droits de l'homme	17	24
Le Fils de Dieu	70	18
Un prophète qui enseigne la Parole de Dieu	29	23
Un illuminé	1	16
Un sage	7	20

Êtes-vous d'accord avec ce propos tenu par un jeune : « Que Jésus soit le fils de Dieu ou le fils d'un paysan, cela m'est égal, l'essentiel est ce qu'il m'apporte »?	en %	
	Croyants	Non-croyants
D'accord	65	78
Pas d'accord	33	18
Sans réponse	2	4

4 LE CHRISTIANISME EN QUESTION.

Y a-t-il dans la religion chrétienne des points qui vous gênent, que vous acceptez difficilement?

Oui, répondent 70 % des croyants et 79 % des non-croyants. Et quels sont les points qui vous gênent? **« Les positions officielles de l'Église »** citées le plus fréquemment. *« Le Pape*, dit Pascale (Tle C), *condamne la contraception, l'avortement, relègue les femmes au rang de subordonnées... »* Viennent ensuite les « mystères de la religion » (virginité de Marie, incarnation de Jésus, Trinité) suivi des rituels : *« Finies les prières avant d'aller se coucher, finies les visites obligatoires au confessionnal*, écrit un garçon anonyme. *Est-ce vraiment important de suivre tous ces rites lorsque cela ne vous apporte rien? »* Puis « L'institution religieuse », « l'intolérance », « le célibat des prêtres » (sur toutes ces questions, lire page 30, l'interview de Jean Delumeau).

5 JÉSUS, BOUDDHA, ALLAH... ?

Êtes-vous particulièrement attiré, intéressé par une religion autre que le christianisme?	en %	
	Croyants	Non-croyants
Oui	39	37
Non	59	59
Sans réponse	2	4

Si oui, laquelle?

Sur les 38 % qui se disent attirés ou intéressés, environ un jeune sur quatre cite spontanément **le bouddhisme,** puis arrivent **l'islam** et le **judaïsme** cités à égalité par un peu plus d'un jeune sur six. Enfin, viennent **l'hindouisme** et le **protestantisme** cités par un sur dix. Rappelons que le protestantisme que vous citez parmi les religions non chrétiennes est en fait une des principales confessions du christianisme!

La pub emballe l'économie

Véritable cauchemar pour les publicitaires, mais rêve secret des publiphobes, la disparition de la publicité est difficile à imaginer aujourd'hui. Sans elle, tout notre système économique serait remis en cause. Car elle y joue un rôle de puissant accélérateur. D'une part, elle est une incitation permanente à consommer davantage, car elle associe les nouveaux
10 produits à des promesses de bonheur, d'efficacité ou d'économies. Sans ces promesses d'une vie meilleure, il n'est pas sûr que nous achèterions autant et avec un si grand enthousiasme. Elle permet aussi aux nouveaux produits de trouver, aussitôt lancés, leur public.

D'autre part, pour les entreprises, ces ventes accrues entraînent des profits qui permettent de réinvestir en emplois, en
20 machines plus performantes, en recherches pour améliorer les produits existants ou en inventer de nouveaux, et bien sûr en publicité pour les faire vendre mieux.

Plus les produits seront achetés, plus les fabricants pourront les produire en série et plus ils pourront être vendus à bas prix. Les voitures, les réfrigérateurs, les magnétoscopes ou les surgelés, qui
30 étaient beaucoup plus coûteux à l'époque de leur première apparition, ont pu progressivement être vendus moins cher, donc en plus grande quantité.

Cette réalité pose d'ailleurs un important problème, celui de la dépendance de tous les médias à l'égard de la publicité. Cette dépendance s'est accrue à la télévision puisque les chaînes privées sont entièrement financées par les
40 recettes publicitaires, comme c'est le cas depuis longtemps pour les radios périphériques. Sans publicité, les médias dépendraient d'ailleurs entièrement de leurs lecteurs, qui devraient payer des abonnements ou des redevances deux à trois fois plus importants. Ils risqueraient donc de connaître des jours plus difficiles …

Toute campagne, publicitaire ou pro-
50 motionnelle, fait appel, en plus de l'agence qui conçoit le message, à des dizaines de professionnels: concepteurs, rédacteurs, acheteurs d'«espaces», illustrateurs, photographes, cinéastes, ingénieurs du son, musiciens, comédiens, mannequins, décorateurs, coiffeurs, maquilleurs, truqueurs, cascadeurs, dresseurs d'animaux, stylistes, imprimeurs, maquettistes, photograveurs, laboratoires
60 photographiques, distributeurs d'échantillons, animateurs, hôtesses, etc. Là aussi, l'entreprise qui veut faire parler d'elle devra mettre la main au porte-monnaie.

Ces dépenses contribuent largement à assurer notre croissance économique, c'est-à-dire aussi celle des emplois et des salaires. Aux Etats-Unis, la note est trois fois plus lourde et elle l'est deux fois plus au Japon. Les spécialistes insistent
70 même sur le décalage considérable entre la France et les autres pays industrialisés. Aujourd'hui, le paysage audiovisuel français s'est élargi, entraînant derrière lui le marché publicitaire: la création des nouvelles chaînes privées nous conduira bientôt à combler notre retard.

---

 1 What role does advertising play in the economy?
2 In what way does an advertisement persuade the consumer to buy the product?
3 How do firms spend their increased revenue?
4 What is the financial effect on the consumer of successful advertising?
5 How can advertising affect the price of publications and TV licences?

TRANSLATE the last paragraph.

Exprimez autrement

Exprimez autrement en français:
1 publiphobe (l.2)
2 accélérateur (l.7)
3 incitation permanente (l.8)
4 plus performantes (l.20)
5 des abonnements ou des redevances (l.45)

  1 A l'aide d'un dictionnaire, expliquez en français en quoi consiste le travail de chacun des professionnels mentionnés dans le paragraphe «Toute campagne . . . la main au porte-monnaie».

2 Essayez de trouver des exemples du travail de quelques-uns de ces professionnels qui vous ont particulièrement frappé.
– En travaillant avec un partenaire, vous pourrez présenter à la classe les exemples que vous considérez comme les plus frappants, en essayant d'expliquer la valeur de la contribution de tel ou tel professionnel à la pub en question.

 1 Trouvez des exemples de publicité qui jouent sur
– une opposition entre le texte et l'image
– l'humour

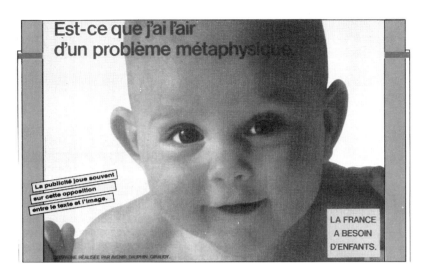

Est-ce que j'ai l'air
d'un problème métaphysique.

La publicité joue souvent
sur cette opposition
entre le texte et l'image.

LA FRANCE
A BESOIN
D'ENFANTS.

Tant qu'il y aura de bons moments.

Kronenbourg
Depuis trois siècles.

Campagne Lee Cooper 1987 :
le jean, typiquement jeune.

– le désir de bien-être
– une image qui « accroche »
l'œil
Essayez d'en expliquer
l'impact à votre groupe.
2 Comment trouvez-vous les
spots publicitaires à la
télévision? Est-ce qu'ils
gâchent le plaisir de la soirée?
Pourquoi (pas)?
3 Dans quelle mesure est-ce
que vous vous sentez
influencé par la publicité
télévisée quand vous faites vos
achats?

4 Pensez-vous que le
gouvernement ait le droit de
faire passer à la télévision non
commerciale des « spots de
propagande » même pour les
bonnes causes?

**La publicité, nous
veut-elle du bien?**
1 How does expenditure on
advertising in France compare
with that in English-speaking
countries?
2 What has led to an increase
in TV advertising?

3 In what way has the
attitude of the French towards
advertising changed?
4 What sociological
explanation is offered to
explain this change?
5 In what way has an
improvement in the quality of

advertising assisted this process?

6   What, according to the speaker, is the aim of an advertisement?

7   What kind of advertising no longer works, and why?

Les médias ont-ils les pleins pouvoirs?

«C'est la faute aux journalistes.» Plus ou moins triviale, l'expression revient souvent. «La presse est en France un quatrième pouvoir dans l'Etat; elle attaque tout et personne ne l'attaque. Elle blâme à tort et à travers... Ses enfants à elle doivent être sacrés. Ils font et disent des bêtises effroyables, c'est leur droit!»

Quelle influence exercent les médias sur le comportement et les opinions de chacun? Quelle signification revêt, pour nos démocraties, le quatrième pouvoir, symbolisé, désormais, autant par la télévision et le Minitel que par les journaux et la radio? L'essentiel est dans la mise en cause du quatrième pouvoir, accusé de déstabiliser la démocratie, à force d'empiéter sur chacun de ses trois pouvoirs – de législation, d'exécution et de justice. Le principe de la «libre communication des pensées et des opinions» a été gravé dans le marbre de nos constitutions. Entre l'Etat et les citoyens, les médias s'interposent aujourd'hui, toujours plus nombreux et variés. Sont-ils les agents de cette libre parole, dont les fondateurs de l'Etat moderne voulaient étendre le bénéfice à tous? Ou bien, au contraire, aux mains de quelques-uns, sont-ils l'instrument d'un pouvoir suprême sur les citoyens et les gouvernements?

Telles sont les interrogations auxquelles le sondage L'Express/Institut international de géopolitique/Louis Harris International s'efforce de répondre. On peut schématiquement dégager quelques points forts.

Le pouvoir médiatique est une institution qui inspire peu de confiance, mais la liberté d'information qui la fonde et la légitime est jugée comme une valeur fondamentale. Dans tous les pays où l'enquête a été réalisée, à l'exception des Etats-Unis, les médias sont «dans le rouge» au baromètre de confiance des institutions démocratiques. En revanche, le droit à l'information, en Europe du moins, semble une liberté essentielle.

Qui, en d'autres termes, manipule qui?

Il faut aller chercher la réponse, en premier lieu, auprès des gens eux-mêmes. Parce que la presse et la télévision ne sont fortes, en un sens, que de la faiblesse des lecteurs et des téléspectateurs. L'influence des grands médias est très exactement l'inverse de ce qu'on croit qu'elle est. Les consommateurs, toujours conscients de la possibilité que cette influence devienne excessive, y résistent ou s'y opposent.

En France, à l'heure des grands changements qui se produisent dans l'audiovisuel, la puissance médiatique ne semble pas avoir, aux yeux de l'opinion, l'excès d'importance qu'on lui accorde parfois: près d'un Français sur deux juge que les médias ont «juste le pouvoir qu'il faut». Le Parlement est, selon les Français, relativement à l'abri des effets de la puissance médiatique. Enfin si, comme partout sur le continent européen, la liberté d'opinion obtient un très fort score d'importance, il en est de même, ou presque, pour la valeur qu'on accorde à la liberté d'être entrepreneur.

 1 Translate the first paragraph into English.
2 Summarise the questions posed in the second paragraph.
3 What argument is used in the fifth paragraph to suggest that the power of the media is limited?
4 What kind of freedom is mentioned for the first time in the last paragraph?

LA PUISSANCE DES MÉDIAS

D'une manière générale, diriez-vous que dans la société (française, allemande, britannique, espagnole ou américaine), les médias ont...					
	FRANCE	**R.F.A.**	**GRANDE-BRETAGNE**	**ESPAGNE**	**ÉTATS-UNIS**
...trop de pouvoir	29 %	32 %	43 %	46 %	49 %
...pas assez de pouvoir	14	6	10	22	10
...juste le pouvoir qu'il faut ...	45	48	41	26	39
Ne se prononcent pas	12	14	6	6	2

Regardez les résultats des sondages sur la puissance et l'influence des médias.
– Analysez-les avec un partenaire pour comparer les réponses obtenues en France et en Grande-Bretagne.
– Posez les mêmes questions à vos camarades de classe.
– Citez des exemples du pouvoir des médias.
– Essayez de montrer que l'influence d'un article ou d'un programme a été positive ou négative.

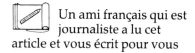 Un ami français qui est journaliste a lu cet article et vous écrit pour vous

QUI INFLUENCE QUI ?

1) **Diriez-vous que les médias** exercent **une influence (très ou assez importante)** *sur...*
2) **Diriez-vous que les médias** subissent **une influence (très ou assez importante)** *de la part...*

	FRANCE	R.F.A.	GRANDE-BRETAGNE	ESPAGNE	ÉTATS-UNIS
JUSTICE					
Influence importante *exercée par les médias* ...	46 %	29 %	40 %	32 %	69 %
Influence importante *subie par les médias*	27	31	46	31	52
PARLEMENT					
Influence importante *exercée par les médias* ...	37	44	48	38	78
Influence importante *subie par les médias*	31	36	56	39	55
GOUVERNEMENT					
Influence importante *exercée par les médias* ...	48	46	44	41	81
Influence importante *subie par les médias*	52	40	59	61	58
OPINION PUBLIQUE					
Influence importante *exercée par les médias* ...	77	71	80	70	88
Influence importante *subie par les médias*	46	44	52	37	65

LA HIÉRARCHIE DES LIBERTÉS

Parmi les libertés suivantes, quelle est celle que vous considérez comme la plus fonda-mentale... et ensuite.

Liberté...	FRANCE	R.F.A.	GRANDE-BRETAGNE	ESPAGNE	ÉTATS-UNIS
...de vote	47 %	59 %	47 %	43 %	54 %
...d'information	40	37	48	49	18
...d'entreprendre	35	14	20	17	21
...d'enseignement	34	22	42	47	40
...religieuse	18	37	17	25	53
...syndicale, d'association ...	11	25	19	12	9

demander vos réactions. Répondez en donnant des exemples et en essayant de justifier votre avis, soit en faveur du pouvoir de la libre parole, soit contre l'abus de la puissance médiatique.

CINQUIÈME PARTIE

Déboucher dans le monde de demain

Le risque nucléaire

«Je suis convaincu que la population ne court aucun danger. Je suis certain qu'il n'y a aucun risque nucléaire. Mais je sais que les conséquences économiques seront énormes.» Gilbert Labat, le patron de la centrale nucléaire de Creys-Malville (Isère), fleuron mondial des surgénérateurs, se veut rassurant. Il reconnaît cependant avec loyauté qu'il n'est sûr de
10 rien sinon qu'une fuite de vingt tonnes de sodium s'est produite, qu'elle a été constatée à la fin de la semaine dernière et qu'il faudra attendre aujourd'hui, avec l'introduction dans la cuve d'une fibre optique reliée à une caméra, pour tenter de déterminer les causes de cet accident qui retient l'attention de quelque cinquante techniciens européens.

Aucune lueur d'incendie, aucune
20 fumée suspecte au-dessus de cette cathédrale du vingtième siècle qui surplombe le Rhône à égale distance de Genève et de Lyon. Les gendarmes de Morestel, de Crémieu et de Montalieu effectuent leurs patrouilles de routine à l'extérieur de l'enceinte protégée par une haute clôture électrifiée. Les autocars déversent, comme à l'habitude, leurs cargaisons de visiteurs, essentiellement
30 des lycéens. A ceux qui le souhaitent, toutes les explications sont fournies sur la fuite de sodium. On déploie des cartes,

des graphiques.

«Je suis beaucoup plus préoccupée par le problème à venir des déchets que par la fuite actuelle de sodium», reconnaît une habitante de Crémieu qui poursuit: «Je suis inquiète pour mes enfants. Creys-Malville, c'est un proto-
40 type. Assurément ce n'est pas ici que les responsables de la sécurité s'endormiront devant leurs écrans de contrôle. L'enjeu est trop important. Sans même que nous le réclamions, on nous fournit toutes les explications voulues. A vrai dire, une seule question nous importe: y a-t-il un danger radioactif? On nous démontre le contraire. Nous le croyons.»

Un agriculteur dont les champs
50 s'étendent à l'ombre du surgénérateur est perplexe: «Après avoir longtemps observé le secret le plus absolu, les hommes de la centrale poursuivent une politique diamétralement opposée. Au moindre boulon désserré, à la moindre panne, ils ameutent tout le monde. Il

n'est pas sûr qu'ils aient raison. Nous leur faisions confiance parce que nous pensions qu'ils savaient. Maintenant ils vien-
60 nent nous exposer leurs doutes. Nous les écoutons avec bienveillance. Mais nous sommes tentés de leur dire: 'Vos incertitudes ne nous rassurent pas du tout et nous sommes bien incapables d'apporter le moindre élément de réponse à vos interrogations.' Ce sont d'honnêtes gens. Nous préférions presque les hommes de science pleins de certitude.»

Ce sentiment est général dans toutes
70 les communes à l'entour de la centrale. Il est résumé par le maire de Moresterel qui affirme: «Nous avons le droit de savoir ce qui se passe à l'intérieur de la centrale. Mais c'est aux techniciens à prendre leurs responsabilités et à adopter les mesures convenables pour assurer la sécurité des populations. Nous leur faisons confiance. Qu'ils ne viennent pas nous faire peur avec leurs incerti-
80 tudes!»

/ 1 Describe the accident that occurred at the plant.
2 Name the security measures taken.
3 What is the attitude of the management to questions about the accident?
4 In what way does this attitude differ from that demonstrated in the past?

5 What are the two main worries of the local resident interviewed?

SUMMARISE in one sentence the feelings of the local farmer.

TRANSLATE the last paragraph into English.

Exprimez autrement

Exprimez autrement en français:
1 je suis convaincu/certain (l.1, 2)
2 il se veut rassurant (l.8)
3 quelque cinquante (l.17)
4 surplombe (l.21)
5 toutes les explications sont fournies (l.31)

6 la fuite actuelle (l.36)
7 l'enjeu est trop important (l.43)
8 ils ameutent tout le monde (l.56)
9 à l'entour de la centrale (l.70)

Protéger l'environnement: on y pense . . .

You are going to France with a group of students. Write a letter to the director (you have enough information in the article to provide you with his name and address) to arrange a visit for a party of six people on August 4th at 11.30 am. Ask whether he would be available to answer questions and approximately how long the visit would last. Indicate that you would be grateful for an early reply as you have to make the travel arrangements.

Remplissez les blancs

Aucun risque nucléaire _____. Les causes de l'accident sont pour le moment _____ mais on va essayer de les _____. Les visiteurs continuent à _____ comme _____. On essaie de répondre à toutes les questions qu'ils _____. Les habitants commencent à se faire des _____ à cause des incertitudes _____ par les hommes de la centrale. On demande à ceux qui sont _____ de la centrale de ne pas faire peur _____ habitants.

La forêt meurt lentement: la concentration industrielle menace la qualité de l'air et de l'eau. Depuis 1972, les Européens ont compris la nécessité d'une politique écologique commune. L'année européenne de l'environnement vient couronner ces quinze années d'efforts... encore timides!

Les préoccupations d'environnement, dans l'Europe communautaire, sont relativement récentes. Le mot même d'environnement n'apparaît pas dans le traité de Rome, qui se borne à jeter les bases d'un «marché commun» ou priorité est donnée à la production.

L'Europe possède la plus grande concentration industrielle du monde: si l'on trace un rayon de seulement 400 kilomètres autour de Lille, par exemple, on découvre dans le cercle ainsi formé le plus grand chantier industriel de la planète (Benelux, Londres et les Midlands, la Ruhr, Nord-Pas-de-Calais et Lorraine, etc.).

Les Européens décident à leur tour des mesures pour protéger leur environnement: ils lancent leur premier «programme d'action» pour réduire les pollutions industrielles, au moment précis où le premier choc pétrolier ébranle toute l'économie occidentale. Pas de chance! Difficile, en effet, de demander aux industriels européens de nettoyer leurs rejets alors qu'ils n'ont plus qu'un souci en tête: traverser la crise sans trop de pertes... D'où la lenteur et les difficultés d'une politique européenne de l'environnement.

Du Canada et de Scandinavie arrive bientôt une nouvelle alarme: les lacs sont stériles, la vie ne s'y reproduit plus. On attribue le phénomène aux retombées des pluies acides qui proviendraient des grands centres industriels.

Puis l'Allemagne fédérale, à son tour, lance un cri d'alerte au dépérissement des forêts. Lui aussi serait dû, au moins partiellement, à la pollution atmosphérique transportée sur longues distances.
10 La forêt européenne est tout entière menacée par ce qu'on appelle désormais les «pluies acides».

A Bruxelles, on attaque le problème sur deux fronts. On édicte de nouvelles normes qui limitent sérieusement les rejets de soufre des usines et des chaudières. Puis, sous l'influence de la RFA et du Danemark, on propose aux Européens de nouvelles règles pour les
20 gaz d'échappement automobiles et la généralisation de l'essence sans plomb.

On s'aperçoit aussi que la politique agricole commune, en encourageant la production intensive, entraîne deux inconvénients majeurs: la surproduction

et la dégradation des sols. L'utilisation massive d'engrais chimiques, d'insecticides et de désherbants finit par imprégner les sols. Bruxelles va donc édicter de
30 nouvelles normes, auxquelles chaque gouvernement est aujourd'hui tenu d'obéir. On va privilégier la qualité sur la quantité. La politique est certes plus difficile à définir pour douze pays que pour un seul. Mais c'est indispensable si l'on veut que la plus grande concentration industrielle du monde reste vivable en l'an 2000.

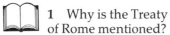 **1** Why is the Treaty of Rome mentioned?
2 What can be found within a 400 kilometer radius of Lille?
3 Why did industrialists pay little attention to the first programme of action against pollution?
4 How did the EEC in Brussels react to the concern of Scandinavia and West Germany about acid rain?
5 Why has the EEC changed its attitude towards intensive farming?

Remplissez les blancs

1 Selon le traité de Rome, la production est _____ .

2 L'économie occidentale a été _____ par le premier choc pétrolier.
3 A cause des pluies acides, la forêt européenne

_____ .
4 On propose que l'utilisation de l'essence sans plomb se _____ .
5 Par suite de l'utilisation massive des produits chimiques, les sols sont en train de se _____ .

  Rédigez une liste, en travaillant avec un partenaire, des sources de pollution que vous connaissez aux alentours de votre collège ou votre lycée.

Ecologie: Etat d'urgence
1 What does the speaker consider that the European campaign could achieve?
2 What changes are needed if the effect is not to be very limited?
3 What are the two most important measures in the field of energy?
4 What does he see as a consequence of failure to tackle the problem of air pollution?
5 What political attitude has stood in the way of environmental protection?
6 What is the speaker's final warning, on the subject of cost?

Ce qui fait peur aux Français

> **De la bombe à la cigarette, savent-ils à quoi ils s'exposent ?**

> **Quelles sont leurs phobies ? Et leurs négligences ? Pour la première fois, des**

> **experts du risque ont mené l'enquête. Voici leurs résultats. En exclusivité.**

La route n'est pas la plus meurtrière...

Qui sait combien de personnes meurent de froid, de leucémie ou d'un cancer du poumon ? Qui sait seulement qu'on enregistre, chaque année en France, 550 000 décès pour une population de 55 millions d'habitants ?

Pour mesurer l'écart entre le risque réel et la perception qu'en ont les Français, les enquêteurs de l'Ifop ont donc posé une question plus floue : « A votre avis, y a-t-il très peu, peu, pas mal, beaucoup ou énormément de personnes qui meurent de... » Puis ils ont dressé le hit-parade de leurs certitudes.

Le résultat est doublement surprenant. D'abord, les « sondés » auraient pu se réfugier dans l'abstention face à la perversité de la question. Mais non, les Français savent tout sur tout : ils ont massivement répondu. Ensuite, leur jugement n'est pas, contrairement aux attentes, totalement délirant. Les variations entre leur classement et

celui des experts n'en sont que plus intéressantes.

En tête : les accidents de la route. Selon les chiffres officiels, ils n'arrivent, en réalité, qu'en septième position. Pourquoi cette surestimation ? Spectaculaire et quotidien, le risque routier est particulièrement menaçant. Il pèse sur tout le monde : qui n'est jamais monté en voiture ? A se demander pourquoi, si conscients du danger, les Français ne s'empressent pas d'observer le code de la route *(voir l'article de Marie-Laure de Léotard)*.

Surestimés aussi, les accidents du travail, la leucémie, les homicides et le sida, qui, cette année, ne changerait pas de place dans le classement Inserm de 1984, mais grimperait sûrement dans l'échelle des fantasmes. Ces causes de mortalité ont au moins un point commun : on en parle abondamment dans les médias. Elles ont parfois fait l'objet de campagnes ou

de débats. Elles sont aussi ressenties comme particulièrement intolérables, à un titre ou à un autre. Les homicides renvoient au sentiment d'insécurité, autour duquel la classe politique discourt tant. La leucémie est insupportable, surtout lorsqu'elle atteint les enfants. Les accidents du travail sont historiquement considérés comme injustes. Et le sida n'a pas fini d'effrayer.

En revanche, les suicides sont complètement sous-estimés *(voir l'encadré)* : pense-t-on qu'il s'agit là d'un « risque choisi » ? Méconnue aussi, la mortalité due à l'asthme, à la bronchite ou à la pneumonie. Cette dernière est sans doute reléguée au rang des maladies dépassées. Quant à l'asthme et à la bronchite, on peut en souffrir sans en mourir.

Réunis en séminaire à la fin du mois de mai dernier, des experts français du risque ont accusé les médias de tromper l'opinion. Ils s'appuyaient sur une enquête analogue menée par le sociologue Paul Slovic, aux Etats-Unis, qui concluait : on surestime les causes dont la presse parle, on sous-estime celles dont elle ne parle pas. Mais qui empêchera un public — même bien informé — de jouer à cache-cache avec la mort ? **J. Ry.** ■

SUMMARISE in note form the findings of the research, in order to show which dangers were overestimated and which underestimated, and why.

Silence, suicides

Tragiquement sous-estimés, les suicides. Pourtant, en France, en 1987, on a plus de « chances » de mourir de désespoir que sur les routes. Et le taux de suicides, resté stable pendant une trentaine d'années, augmente régulièrement depuis 1976. Douze mille personnes se tuent volontairement, chaque année, en France. C'est la deuxième cause de mortalité chez les jeunes de 15 à 24 ans. Deux tiers des suicidés sont des hommes, un tiers, des femmes.

Douze mille personnes, c'est la population d'une ville comme Mende, le chef-lieu de la Lozère. Mais on recense quatorze fois plus de tentatives : 6 pour 1 suicide chez les hommes, 30 pour 1 chez les femmes, selon Françoise Davidson et Alain Philippe, chercheurs à l'Institut national de santé et de recherche médicale.

On se donne la mort plus fréquemment au printemps qu'en hiver ; en début de semaine qu'à la fin. Par pendaison, dans 1 cas sur 3. Ou par intoxication médicamenteuse, pour les femmes, et à l'arme à feu, pour les hommes. Les solitaires sont plus exposés au suicide que les gens mariés. Le manque de diplômes, l'habitat en milieu rural sont, eux aussi, des facteurs de risques.

Ce refus de vivre, massivement exprimé, est totalement occulté dans la société française. On n'en fait plus des romans. Les médias n'en parlent que lorsqu'il vient clore dramatiquement le destin d'une star. La courbe du taux de suicides n'a jamais fait l'objet d'un débat public. « Intime, bouleversante, gênante, c'est une affaire qui donne trop de remords », explique le sociologue Jean-Claude Chesnais.   **J. Ry** ∎

... mais une majorité le croit

Pourquoi, dans l'esprit des Français, la route vient-elle en tête des causes de mortalité ? Alors qu'avec 11 000 tués par an elle n'est que septième, et ne représente — en statistique brute — que 2 % des 550 000 décès. Une écrasante surestimation du risque automobile comparé à celui des suicides, des cancers et des infarctus.

Pas si simple. Aux 11 000 morts de la route s'ajoutent 260 000 blessés, dont certains demeurent cloués à vie dans leur fauteuil roulant. Surtout, les accidents de la circulation représentent, avec 44 % des décès des 15-20 ans et 42 % de ceux des 20-25 ans, la première cause de mortalité des jeunes. Ce sont ceux-ci qui paient le plus lourd tribut à la route : ils ont trois fois et demie plus de risques de s'y tuer que les adultes. Un piéton tué sur 7 (1 640 morts par an) est un enfant de moins de 15 ans, et 1 conducteur de cyclomoteur sur 4 décédés a moins de 18 ans. Si la sécurité ne progresse pas, 1 enfant sur 10 sera tué ou blessé avant d'atteindre sa majorité.

En outre, l'accident de la circulation peut frapper chacun d'entre nous, dans sa vie quotidienne : à pied, sur deux-roues ou en voiture, en ville comme sur la route, en semaine comme en vacances : 11 % des personnes interrogées déclarent que l'un de leurs proches a été victime d'un accident il y a moins de deux ans.

L'appréhension du risque routier se nourrit aussi d'images : des accidents dont sont témoins des dizaines de passants et d'automobilistes. Les campagnes sur la sécurité routière, les débats publics sur l'alcool au volant ou sur la limitation de vitesse sont largement relayés par les médias. En 1973, la France dénombre 17 000 morts. Sous le choc de cette statistique tragique, tous les habitants de Mazamet acceptèrent, pour la télévision, de simuler, en se couchant dans les rues, l'ampleur de la catastrophe. Depuis, grâce à la limitation de vitesse et au port de la ceinture de sécurité, le nombre de morts sur la route a diminué de 34 %. Mais il stagne aujourd'hui à 11 000.

Pourquoi les Français, conscients du risque, ne se plient-ils donc pas davantage aux règles de sécurité ? « Les grands rouleurs, les jeunes conducteurs, les propriétaires de voitures puissantes minimisent le danger de la route par un réflexe de défense ; ce sont eux, cependant, qui produisent le plus d'accidents », fait remarquer Yvon Chich, de l'Institut national de recherches sur les transports et leur sécurité. Pierre Denizet, directeur de la Sécurité routière, ne croit guère à l'autodiscipline : « Aucun pays au monde n'a réussi à faire baisser le nombre de morts sur la route sans une police plus nombreuse et plus sévère, sans une justice plus rapide et plus répressive. » Les Français ont peur. Mais ils ne lèvent pas le pied. L'accident ? C'est pour les autres...

MARIE-LAURE de LÉOTARD ∎

Prévenir n'est pas guérir

Se soigne-t-on mieux lorsqu'on est informé? Pas sûr. Tous âges et sexes confondus, les Français consultent leur médecin trois ou quatre fois par an en moyenne. Ils font vacciner leurs enfants, mais ils délaissent à 80% les vaccins facultatifs. Depuis dix ans, ils ne fument pas moins: ils préfèrent les cigarettes plus légères en nicotine, mais forcent un peu sur le nombre. Ils se restreignent sur l'eau-de-vie et les mauvais vins. Mais se rattrapent sur les spiritueux et les bières. Après des années de campagne de prévention, par exemple, sur les maladies cardio-vasculaires, les Français ont-ils changé de comportement pour tenter de limiter les risques?

Lorsqu'on analyse les résultats d'une action d'information nationale, il est impossible d'évaluer son influence sur les mentalités. Trop de facteurs entrent en ligne de compte. Ainsi, la grande majorité des gens se souviennent du slogan «Un verre, ça va; deux verres, bonjour les dégâts». Mais cela ne signifie absolument pas qu'ils aient diminué leur consommation d'alcool. Presque tous les généralistes sont pessimistes quant aux capacités réelles des patients d'améliorer durablement leur état de santé. Il y a une dissociation très nette entre la perception des riques encourus et l'application des moyens qui permettraient de les éliminer ou de les limiter.

Les Français sont aussi négligents face au cancer, qui leur fait pourtant si peur. Par exemple, la visite annuelle chez le gynécologue n'est pas entrée dans les mœurs des Françaises de plus de 40 ans, les plus concernées. Seules, 15%
10 d'entre elles suivent la consigne. De même, à partir de 45 ans, peu de gens acceptent de subir l'examen régulier – et un peu désagréable – qui permettrait de déceler un cancer à son tout début. Quant aux facteurs de risque les plus importants – le tabac, l'alcool et les mauvaises habitudes alimentaires – lors-
20 qu'un Français met en balance les délices que lui procure sa dépendance et les contraintes qu'une meilleure hygiène de vie lui imposerait pour d'hypothétiques victoires, il n'hésite pas: il gomme le risque et retourne à ses plaisirs d'autruche.

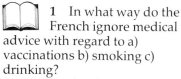 **1** In what way do the French ignore medical advice with regard to a) vaccinations b) smoking c) drinking?
2 Explain the slogan used to discourage excessive drinking.
3 In what way are people's reactions to medical advice illogical?
4 What are people failing to do in order to reduce the risk of cancer?
5 Translate or paraphrase the last paragraph in order to bring out the meaning of the final statement.

  En travaillant avec un partenaire, classez les dangers mentionnés sur cette liste selon deux catégories: ceux qu'on pourrait éviter/ceux qu'on ne pourrait pas éviter.
– Essayez d'expliquer en quoi consiste chaque élément de danger.
– Notez les risques que vous prenez et que vous pourriez éviter.
– Donnez votre avis sur les pourcentages cités ici: trouvez-vous, par exemple, que le cyclomoteur présente pour vous un danger moins inquiétant que les déchets nucléaires?

Considérez-vous les produits, techniques et activités suivants comme dangereux ?

		OUI
1	Drogue	92 %
2	Bombe atomique	91
3	Déchets nucléaires	84
4	Armes à feu	84
5	Alcool	73
6	Tabac	72
7	Déchets chimiques	68
8	Centrales nucléaires	63
9	Moto	61
10	Voiture	52
11	Somnifères	52
12	Industrie chimique	52
13	Cyclomoteur	48
14	Gaz d'échappement	47
15	Manipulations génétiques	45
16	Prise de courant	39
17	Eau de Javel	38
18	Engrais	37
19	Plomb dans l'essence	34
20	Poids lourds	34
21	Anesthésie	28
22	Avortement	23
23	Jouets électriques	23
24	Barrages hydroélectriques	22
25	Antibiotiques	21
26	Oranges traitées	19
27	Rayon laser	17
28	Travail sur écran	14
29	Avion	14
30	Autocuiseur	13
31	Pilule	12
32	Aspirine	12
33	Radiographie	11
34	Bicyclette	10
35	Conserves	10
36	Four à micro-ondes	6
37	Train	5
38	Vaccin	4

L'événement le plus important

Il y a eu récemment un sondage sur ce qui semblait être aux yeux de nos contemporains l'événement le plus important du XXe siècle. En commentant ici les résultats de cette enquête, j'ai attiré l'attention de mes lecteurs sur la diversité et la complexité des réponses possibles.

10 Du point de vue de la « sensation » produite dans le monde par ce qui y avait créé les chocs les plus spectaculaires, tel conflit brutal entre nations, telle secousse révolutionnaire, tels assassinats dramatiques comme ceux du président Kennedy ou du Mahatma Ghandi ont frappé et secoué l'opinion mondiale, plus fortement que les découvertes scientifiques ou techniques, dont la date même n'est pas fixée réellement dans notre 20 mémoire. Ces chocs et leurs conséquences ont influencé et modifié nos destins de façon plus décisive et durable en agissant sur nos comportements, sur nos modes de vie, sur nos rapports sociaux, sur nos activités économiques, sur les relations de puissance à puissance. Il en a sans doute été ainsi

d'inventions qui ont tout changé dans notre vie à la fin du XIXe siècle et dans le 30 cours du XXe siècle, telles que le téléphone, l'automobile, l'aviation, et la dernière venue, mais non la moindre, l'informatique.

Enfin il faut, de toute évidence, faire une place à part aux progrès accomplis dans l'ordre de la connaissance pure, celle du monde et celle de la vie, comme la radioactivité, la relativité d'Einstein, la structure et l'âge de l'univers, la généti-40 que. Les voyages interplanétaires devenues possibles sinon faciles, avec leurs conséquences passionnantes dans les domaines de la paix et de la guerre n'ont pas, jusqu'à présent, si grandes que soient leurs promesses, modifié de façon notable les conditions de notre vie et le comportement humain; telles ont été, au contraire, les véritables révolutions, presque invisibles, apportées dans la vie de 50 chaque jour par le téléphone, l'informatique bureaucratique ou, à plus forte raison, la modeste électricité naguère.

Les changements les plus lourds de conséquences ont été pourtant produits,

me semble-t-il, dans le bien et peut-être aussi dans le mal, par la découverte de la puissance thérapeutique des antibiotiques, et plus généralement des moyens de plus en plus puissants mis en œuvre 60 contre les grandes endémies, qui avaient si longtemps entravé la prolifération humaine dans de nombreuses régions du monde.

Les maladies que l'homme combattait et qu'il avait combattues si longtemps avec des armes insuffisantes, ou n'avait pas combattues du tout, cédaient du terrain pour ainsi dire d'année en année, permettant ainsi une accélération gigan-70 tesque – et peut-être irrésistible sans l'emploi des méthodes révolutionnaires – du peuplement humain de la planète. L'excédent des naissances a conduit trois continents sur cinq à de véritables impasses démographiques. Les écoliers de mon enfance apprenaient que le monde, où ils allaient avoir à vivre, comptait un milliard et demi d'êtres humains. Ce chiffre est aujourd'hui passé 80 à cinq milliards, avec cent millions de plus chaque année, et la promesse ou la menace de six milliards pour l'an 2000.

« Mangeront-ils ? » aurait dit Hugo. Voilà un événement qui, par la profondeur de ses causes et la redoutable ampleur de ses effets, mérite probablement d'être considéré comme l'événement le plus inquiétant du XXe siècle.

SUMMARISE   the passage in English in about 150 words.

TRANSLATE   the paragraph beginning 'Les changements les plus lourds_____'

    Préparez des notes sur les questions suivantes pour donner des réponses en classe. N'oubliez pas qu'il s'agit du 20e siècle.

1   On parle de « conflit brutal entre nations ». Donnez-en quelques exemples. Essayez de définir la façon dont tel ou tel conflit a « modifié nos destins ».
2   Comment expliquer les « assassinats dramatiques » du 20e siècle? Pouvez-vous en rappeler d'autres qui ont influencé le monde de façon décisive et durable?
3   Citez d'autres exemples d'inventions au cours du XXe siècle qui ont tout changé dans notre vie.

4   Quelle est, à votre avis, la découverte la plus significative dans l'ordre de la connaissance pure? Justifiez votre réponse et comparez-la à celles de vos camarades de classe.
5   Trouvez-vous que l'auteur ait raison en disant que les voyages interplanétaires n'ont pas modifié « de façon notable » les conditions de notre vie et le comportement humain? Considérez-vous ces voyages comme utiles ou inutiles? Justifiez votre réaction.

6 Expliquez avec des exemples ce que l'auteur entend par «les grandes endémies» (l.60)

7 Quand l'auteur utilise l'expression «sans l'emploi des méthodes révolutionnaires» (l.70), de quelles méthodes s'agit-il?

8 Expliquez la phrase «de véritables impasses démographiques» (l.74)

9 Justifiez la conclusion de l'auteur ou bien dites quel autre événement vous paraît encore plus inquiétant.

Les Européens en voie de disparition

400 000 nouveau-nés de moins en Allemagne chaque année, 100 000 chez nous. Tandis que la population des plus de 85 ans est en train de doubler! Partout en Europe, c'est le même effondrement démographique sans précédent. Et dans à peine 20 ans, le spectre d'une économie ridée, écrasée sous la dictature du troisième âge.

10 Du jamais vu. Prenez la République fédérale allemande: aujourd'hui ses naissances n'atteignent pas les 600 000 par an. 400 000 enfants de moins par an qu'il y a vingt ans! Par rapport au niveau de renouvellement de sa population, la RFA a déjà perdu 4 millions d'enfants — l'équivalent de ses pertes au cours de la Seconde Guerre mondiale. Si sa natalité ne se redresse pas, ses actuels 60 20 millions d'habitants ne seront plus en 2030 que 38 millions.

L'Angleterre? Sa natalité a chuté d'un tiers au cours des 13 dernières années. Les Pays-Bas, le Danemark, la Belgique sont eux aussi dramatiquement loin du compte. Même le Sud de l'Europe, réputé prolifique, a perdu en moyenne un enfant par femme en l'espace de sept ans! Idem ou presque pour l'Italie. Quant 30 à nous, avec un taux de natalité de 1,8 enfants par femme contre 1,3 pour l'Allemagne, lanterne rouge, il nous «manque» tout de même déjà 100 000 bébés par an. Dans 30 ans, nous serons le pays le plus peuplé d'Europe; mais avec seulement 57 millions d'habitants (juste 1,5 million de plus qu'aujourd'hui), et nous ne franchirons jamais le cap des 60 millions au cours des décennies 40 suivantes.

Une chute libre que ne suffisent à expliquer ni la crainte du chômage, ni la libéralisation de l'avortement (la loi date chez nous de 1975), ni le déclin du mariage (il n'y a jamais eu en France autant d'enfants nés hors du mariage: près de 20%). D'ailleurs les Européens continuent de faire des enfants: mais pas plus de deux. C'est le troisième qui 50 manque à l'appel, son absence est responsable à 90% de la dénatalité. Contrairement au tiers monde, où une ribambelle d'enfants tient à la fois du capital productif et du bâton de vieillesse pour les aînés, dans nos sociétés, une famille nombreuse est d'abord une charge (que l'allongement des études rend d'autant plus lourde). Et surtout, la naissance d'un troisième enfant contraint 60 le plus souvent la mère qui travaille à renoncer à son indépendance. Un troisième enfant équivaut de ce fait à un salaire en moins…

Remplissez les blancs

Remplissez les blancs pour exprimer autrement certaines phrases tirées de l'article:

Dans _____ l'Europe la population _____ plus rapidement que _____.

Même le Sud de l'Europe, _____ on dit que les habitants ont _____ d'enfants, a perdu un enfant par femme en l'espace de 7 ans! En Italie la situation est plus ou moins _____.

Exprimez autrement

1 du jamais vu (l.10)
2 sa natalité a chuté d'un tiers (l.22)
3 une chute libre (l.41)
4 la crainte du chômage (l.42)
5 l'allongement des études (l.57)

 1 Why is World War II mentioned?

2 The maximum population of France is likely to be:
A: less than 57 million.
B: 57 million.
C: between 57 and 60 million.
D: more than 60 million.

3 What is the significance of the statistic 'nearly 20%' (l.47)?

4 What is the significance of the statistic 90% (l.51)?

5 Why is further education mentioned?

6 What reason, other than financial, is given for the general reluctance to have a third child?

ne que :(noun)

Marche arrière toute: la retraite à 70 ans

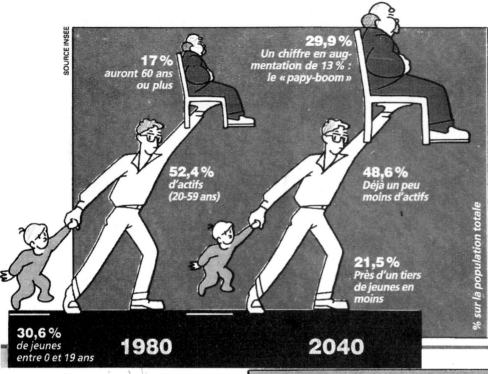

SOURCE INSEE

17 %
auront 60 ans ou plus

29,9 %
Un chiffre en augmentation de 13 % : le « papy-boom »

52,4 %
d'actifs (20-59 ans)

48,6 %
Déjà un peu moins d'actifs

21,5 %
Près d'un tiers de jeunes en moins

30,6 %
de jeunes entre 0 et 19 ans

1980   **2040**

% sur la population totale

Le « 3ᵉ âge » va peser très lourd

D'après les projections de l'INSEE, en France, à l'horizon 2040, les personnes âgées seront 7 millions de plus, tandis que le nombre des moins de 20 ans aura diminué de près de 5 millions. La population active, elle, aura régressé d'un million, mais c'est pourtant elle qui devra supporter le poids du changement.

j'ai déjà dit

Retenant plusieurs hypothèses de fécondité (niveau actuel, valeur proche du taux de remplacement des générations, baisse), les démographes se sont livrés à des projections de la population française d'ici à l'an 2040. Tenant pour acquis que la mortalité continuera à baisser, ils concluent, quel que soit le scénario retenu, au vieillissement inéluc-
10 table de la population française. A partir de l'an 2005, l'augmentation du nombre des plus de 60 ans résultera en effet de l'arrivée à cet âge des générations nombreuses d'après-guerre: le baby-boom se traduira nécessairement par un papy-boom! Mais c'est la population très âgée qui augmentera le plus fortement: l'effectif des «85 ou plus» (700 000 aujourd'hui) passera à plus d'un million dès l'an
20 2000. 40 ans plus tard, les «60 ans et

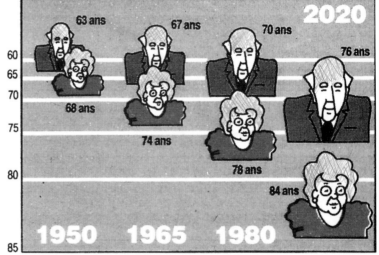

2020

63 ans   67 ans   70 ans   76 ans

68 ans   74 ans   78 ans   84 ans

60
65
70
75
80
85

1950   **1965**   **1980**

Des vieux de plus en plus vieux

L'espérance de vie dans les pays développés, estime l'INSEE, ne cessera de progresser jusqu'en 2020. Dans l'hypothèse la plus favorable, les démographes nous prédisent un « bonus » de 6 ans.

de quelque sorte.

plus» constitueront près du tiers de la
population (contre 18% actuellement).

Ce vieillissement se traduira éloquem-
ment dans le budget des Français: d'ici
seulement 15 ans, les dépenses de
santé constitueront avec 20% le premier
poste (avant même, dans l'ordre, le
logement, l'alimentation et les loisirs). En
amont, la France active commencera elle
10 aussi à se rider: dès 2003, le nombre
d'actifs se mettra à stagner et, à cette
date, un actif sur deux aura plus de 40
ans (contre quatre sur dix actuellement).
Déclin du nombre de jeunes de moins
de 20 ans, boom des retraités: tout pour
provoquer une spectaculaire déformation
de la pyramide des âges – qui ne cessera
de s'effriter à la base et de s'élargir vers
le sommet… Un monde à l'envers! Les
20 conséquences de ce hiatus croissant
entre les actifs et les non-actifs seront
particulièrement sensibles d'ici quinze à
vingt ans (c'est à cette date que les
générations du baby-boom commen-
ceront à cesser leur activité et à peser
lourd). L'actuel système des retraités
(déjà à la limite de l'équilibre) en fera les
frais. Chaque année, il faudra «rogner»,
en augmentant modiquement les cotisa-
30 tions ou en abaissant les pensions.

D'où le recours probable des plus
fortunés au système de la capitalisation:
une retraite privée en quelque sorte qui
instaurera la faillite de la solidarité entre
les générations. Autre solution, plus égali-
taire mais plus radicale: faire carrément
marche arrière et relever progressivement l'âge du départ à la retraite; mais,
dans ce cas, il faudrait, entre 2005 et
2030, reculer d'au moins sept ans l'âge
de la cessation d'activité pour résorber le
déficit des caisses! Mais quel que soit
l'avenir, tous les experts prédisent l'émer-
gence du troisième âge commun
comme un nouveau groupe de pression.

Laissons cela.

Serons-nous pauvres ou riches en 2040?
Voici trois scénarios de fécondité d'ici à 2040. A cette date, dans le meilleur des cas, nous serons plus de 70 millions et produirons davantage de richesses, dans le pire, nous serons moins de 50 mais plus pauvres.

AH… C'EST VOTRE FILS, COMME IL A GRANDI!

DIS BONJOUR AU MONSIEUR.

B'JOUR M'SIEUR.

1 Lisez le texte ci-dessus et prenez des notes en français à partir desquelles pour pourrez l'expliquer à votre partenaire ou votre professeur en tenant compte de ces questions:
– Qu'est-ce qui va remplacer le baby-boom?
– En 2040, quel pourcentage de la population aura plus de 60 ans?
– Pourquoi est-ce qu'on parle d'un «monde à l'envers»?
– Quelles seront les conséquences économiques du «boom des retraités»?

– En quoi consiste, à votre avis, le «système de la capitalisation», et qu'en pensez-vous?

2 Après avoir relu les articles, expliquez pourquoi l'Europe connaît un effondrement démographique tandis qu'il en est tout autrement au tiers monde.
– Quelles en seront les conséquences?
– Existe-t-il une solution au problème européen ou à celui du tiers monde?

L'an 2000

L'an 2000 est à notre porte. Aux bouleversements et aux progrès qui les attendent, les jeunes répondent: «Oui, mais...». Ils projettent sur demain ce qu'ils savent du présent. Une photographie de notre temps. De ses angoisses et de des espoirs.

Etre adulte en l'an 2000, c'est, pensent-ils, une chance (73%), conscients, toutefois, que la vie sera moins facile (55%). Réalistes, les jeunes. En écho, des craintes collectives, celles contre lesquelles on a le sentiment d'être impuissant: la guerre, le chômage, la modernisation trop rapide, le sida. Curiosité, cette guerre qu'ils n'ont pas connue et qui arrive en tête de leurs préoccupations alors que le terrorisme n'inquiète que 4% d'entre eux. Ils peuvent lui trouver un romantisme séduisant, la réponse au ras-le-bol de la société, ou bien ils pensent que les attentats n'arrivent qu'aux autres. Leur peur de la guerre, c'est rassurant: ils n'ont pas l'air tentés par la dérive neutraliste, mais l'arme atomique, qui maintient un état de non-guerre, ne leur fait pas perdre de vue qu'ils vivent dans un monde dangereux où une guerre serait cataclysmique.

La hantise du chômage revient dans toute les bouches. L'avenir, hélas! ressemblera au présent...

Les jeunes disent oui à la technologie, qui simplifie la vie, mais non lorsqu'elle rime avec l'uniformisation. On leur propose l'équation miracle: recherche = innovation = progrès = bonheur des hommes. Malheureusement, elle la conduit aussi à la pollution, à l'aliénation, à la guerre. Pourtant, la pollution n'inquiète que 6% des jeunes. «On n'éduque plus, on instruit,» reprennent les sociologues. «On élève les gosses pour en faire des jeunes loups.» Les spécialistes se réconcilient sur un point: la méconnaissance des jeunes, l'ignorance du monde auquel ils appartiennent. «Faute d'expérience personnelle, comment voulez-vous qu'ils aient une perception juste de ce que peut être leur avenir?» s'écrie l'un d'eux. «Or l'information qu'on leur donne est déplorable.»

62% des jeunes veulent travailler plus pour gagner plus, pour 37% qui préfèrent le temps libre. «Ils ne sont pas paresseux,» constate le directeur du Centre de prospective et d'évaluation. «Cette volonté de travail n'est pas forcément linéaire: ils sont capables de fournir de gros efforts ponctuels et d'être plus mobiles. La notion de 'décalés' est bien dans l'air du temps. Par exemple, lorsqu'ils préfèrent le secteur public, c'est pour avoir plus de temps libre pour autre chose. Le secteur privé évoque pour eux les tâches répétitives.» D'où un formidable rejet du salariat, des grosses machines, au profit de l'installation à son propre compte. Paradoxalement, dans un monde où le travail se fait rare, ils veulent choisir le leur, aspirent à de petites structures autonomes.

On voudrait vaincre le sida, le cancer, développer des énergies douces, regarder les télés du monde entier, voyager à la vitesse du son, vivre dans l'espace, avoir accès à la connaissance par ordinateur. Bref, on voudrait palper l'universel. On imagine pouvoir choisir le sexe de son enfant, procréer des surdoués, consulter son médecin à distance et, dans la foulée, se passer de billets de banque, de repas, ne plus aller à l'école. Mais on ne le souhaite pas.

Les jeunes font confiance aux scientifiques. C'est la neutralité de l'homme de science, «l'homme en blanc», qui doit plaire aux jeunes. L'homme en blouse, le scientifique monomaniaque asexué a tout pour les séduire. L'anti-héros parfait pour cette tranche d'âge qui n'a pas de héros. La désaffection pour les hommes politiques, elle, va de pair avec celle pour l'Etat, omniprésente dans le sondage. Ils écartent ce qui est figé, ils sont concrets, alors que les politiques sont abstraits.

Les jeunes se méfient des appareils, des hiérarchies. Ils demandent à voir, à réfléchir plutôt qu'à rêver. On peut regretter le manque d'un grain de folie, la perte précoce des illusions. Ils se raccrochent aux valeurs traditionnelles parce qu'ils ne savent plus où ils en sont. Les garçons semblent plus individualistes, les filles plus inquiètes, mais sans égoisme, puisque le souci de solidarité s'exprime. Leurs parents ne croient plus à grand-chose, alors, il leur faut tout réinventer. Ils adhèrent aux grandes causes, limitées dans le temps: c'est l'éloge du renoncement, de l'individualité. Mais non de l'individualisme. Pas le «moi-moi», le «moi-nous».

/ Etudiez le texte et préparez des notes à partir desquelles vous répondrez aux questions suivantes que vous posera votre professeur:

1 Qu'est-ce qui vous inquiète le plus: le terrorisme ou la guerre? Pourquoi? Que pensez-vous des idées exprimées ici sur ces sujets?

2 Trouvez des exemples de la «modernisation trop rapide» qui vous inquiètent.

3 Quant au chômage, êtes-vous d'accord pour dire que «l'avenir ressemblera au présent»? Pourquoi?

4 Qu'est-ce que vous entendez par le mot «uniformisation»? Pouvez-vous en donner quelques exemples?

5 Expliquez la réflexion «On n'éduque plus, on instruit». La trouvez-vous juste?

6 Pensez-vous que les gosses

d'aujourd'hui deviennent fatalement «des jeunes loups»? Pourquoi?

7 Qu'est-ce qu'une «vision médiatisée» du monde? Est-elle forcément déplorable?

8 Envisagez-vous de travailler beaucoup ou de garder beaucoup de temps libre? Pourquoi?

9 Pensez-vous opter pour le secteur public, le secteur privé ou l'installation à votre propre compte? Pourquoi?

10 On soutient que les jeunes ne souhaitent pas les progrès scientifiques qu'ils imaginent. Etes-vous d'accord? Pourquoi (pas)? Essayez de trouver des exemples.

11 Dans quelle mesure est-ce que vous partagez les opinions exprimées sur les scientifiques, les chefs d'entreprise et les hommes politiques?

12 Trouvez-vous que vos parents «ne croient plus à grand-chose»? Justifiez votre réponse.

13 Etudiez les résultats du sondage sur les espoirs et les craintes des jeunes Français à propos de la façon dont ils vivront en l'an 2000. Est-ce qu'il y a des chiffres qui vous étonnent? Discutez-en avec votre partenaire.

Ecrivez une lettre à *L'Express* pour exprimer vos réactions ou celles de votre groupe au sondage. Essayez de définir vos craintes et vos espoirs pour l'an 2000 et de dire dans quelle mesure vous êtes d'accord avec les opinions exprimées dans cet article.

Lorsque vous pensez à la façon dont vous vivrez en l'an 2000, quels sont vos espoirs ? (1). Et quelles sont vos craintes ? (2). (Questions ouvertes, réponses non suggérées.)*

(1)		(2)	
Avoir un travail (intéressant)	44 %	La guerre	44 %
La diminution du chômage	26	Le chômage	43
Qu'il n'y ait plus de guerre	21	Une modernisation trop rapide, l'informatisation à outrance, l'uniformisation	22
Avoir une famille	17		
Avoir de l'argent	15		
La simplification de la vie grâce à la technologie	15	Le sida et de nouvelles maladies	12
Une plus grande solidarité nationale et internationale	14	Une crise économique	8
Voir évoluer la médecine pour les maladies comme le sida et le cancer	12	La violence, la délinquance	7
Avoir plus de loisirs	12	La pollution	6
Etre heureux	9	Le nucléaire	5
Etre plus libre	5	Le terrorisme	4
Qu'il y ait moins de racisme	5	Le racisme, les injustices	4
Etre établi à mon compte	3	La surpopulation	4
Posséder une maison	2	La famine	4
Autres	10	La solitude	2
Ne se prononcent pas	4	Le manque de qualification	1
		Autres	6
		Ne se prononcent pas	8

En l'an 2000, souhaiteriez-vous être plutôt...

Salarié dans le secteur nationalisé	9 %
Salarié dans la fonction publique	19
Salarié dans le secteur privé	13
Installé à votre compte (entreprise ou profession libérale)	57
Ne se prononcent pas	2

Imaginez qu'en l'an 2000 vous ayez à choisir entre : avoir plus de temps libre et gagner moins d'argent, ou travailler davantage et gagner plus d'argent. Que choisissez-vous ?

Travailler moins et gagner moins	37 %
Travailler plus et gagner plus	62
Ne se prononcent pas	1

Voici un certain nombre de transformations que les nouvelles technologies pourraient introduire dans notre vie quotidienne, dans la société et dans le monde en l'an 2000. Pour chacune d'elles, pouvez-vous dire si elle vous paraît souhaitable ou pas, possible ou pas ?

	SOUHAITABLE	POSSIBLE
Vaincre le cancer	100 %	84 %
Vaincre le sida	99	79
Développer l'énergie solaire	93	91
Développer l'énergie éolienne	92	85
Recevoir les chaînes de télévision du monde entier	92	92
Faire Paris-New York en deux heures	91	85
Consulter sur ordinateur les ouvrages de la Bibliothèque nationale	89	94
Développer l'énergie contenue au fond des océans	87	84
Construire des matériaux nouveaux dans l'espace	86	84
Vivre plus vieux	73	69
Modifier le climat de la Terre	64	39
Avoir une voiture à pilotage automatique	62	89
Vivre et travailler dans l'espace	59	63
Ne plus utiliser de billets de banque	55	75
Travailler sans papier	51	59
Faire ses courses sans sortir de chez soi	44	73
Pouvoir choisir le sexe de son enfant	36	73
Ne plus être obligé d'aller à l'école grâce à la télématique	35	79
Consulter son médecin à distance	31	57
Avoir des enfants surdoués grâce à la génétique	22	50
Pouvoir se passer de repas grâce à une pilule nutritive	17	69

Vocabulaire

A

abîme (m): abyss
abondance, société d': affluent society
aboutir à: to arrive at
abri (m): shelter
accroissement (m): increase
s'acharner: to struggle
achever: to finish off
acier (m): steel
acquis, tenir pour: to take for granted
actualiser: to update
actuellement: at the present time
adhérer à: to join, be, become a member of
adhésion (f): membership, joining
agrément (m): attractiveness
aiguiser: to sharpen
aléatoire: uncertain
aloi, de bon: worthy, respectable
ambages, sans: in plain language
(s')améliorer: to improve
aménagement (m): planning, adjusting
ameuter: to draw (crowd)
amont, en: upstream
ancrer ses acquis: to consolidate one's knowledge
annihilation (f): destuction
anodin: harmless
appréciation (f): judgement
arrêter une date: to fix a date
assister à: to be present at
atelier (m): workshop
atout (m): asset
attentat (m): act of terrorism
atténuer: to tone down
autonome: independent
autrefois: in former times
autruche (f): ostrich
autrui: other people
avachi: slumped
avaler: to swallow
avortement (m): abortion
azimuts, tous: all over the place

B

badin: light-hearted
bagarre (f): fight
balbutier: to stammer
ballot (m): bundle (i.e. luggage)

basculer: to tip over
battre en brèche: to demolish
BCBG (bon chic bon genre): smart
beau, avoir (avoir beau faire qqch.): to do something in vain
béquilles (f): crutches
bidon, un étudiant: an imitation, 'pretend' student
bienveillance (f): goodwill
blafard: pallid
blouson noir (m): teddy-boy
boulon (m): bolt (as in nuts and bolts)
bourré: drunk
bousculer (les règles): to go against
         (les habitudes): to throw out, upset
bouteille, prendre de la: to get long in the tooth
brimade (f): harassment, ragging
bulle (f): bubble

C

cadence (f): rhythm, pace
cadre (m): executive
caïd (m): boss
cambriolage (m): burglary
cancre (m): dunce
cargaison (f): cargo
carrément: frankly
casanier: stay-at-home
case départ, revenir à la: to go back to square one
casier judiciaire (m): police record
cauchemar (m): nightmare
céder la place à: to give way to
censé, être: to be supposed to
cerner: to surround, define
cerveau (m): brain
chahuter: to play up (a teacher)
chambardement (m): upheaval
chantage (m): blackmail
chantier (m): building site
charpente (f): framework, structure
chaudière (f): boiler
cheminement (m): making one's way
chichement (payé): meanly
chômeur (m): unemployed person
chute (f): fall
cible (f): target

classique: standard
clivage (m): division
cloisonné: compartmentalised
cloîtré: cloistered
clôture (f): fence
coller: to stick on
combler: to fill
combler un retard: to catch up
commis voyageur (m): commercial traveller
commode: convenient
comportement (m): behaviour
comptable, expert (m): chartered accountant
concurrent (m): competitor
confondre: to confuse
constat (m): statement of fact
convenable: appropriate
convoler en justes noces: to get married
convoquer: to summon
cortège (m): procession
cossu: well-off; (salaire): high
coté: higly rated
cotisation (f): subscription, contribution
couche (f): social stratum
coup de cafard (m): depression
coup de pompe, barre (m): feeling of tiredness
coupable: guilty
couronner: to crown
créneau (m): gap
croissance (f): growth
croquer: to munch
cru, grand: great vintage
cuite, prendre une: to get plastered
culot (m): cheek, impertinence
cuve (f): tank

D

débile: feeble
débouché (m): outlet, opening
décanter: to settle, become clear
déceler: to detect
décennie (f): decade
déception (f): disappointment
déchets (m, pl): waste
déclencher: to trigger off, launch
décollage (m): take-off
décontraction (f): relaxation
décrocher: to drop out, switch off
déculpabiliser: to remove blame

défi *(m)*: defiance
se défoncer: to get high
dégager: to single out
délice *(m)*: delight
délit *(m)*: crime
demeurant, au: for all that
demeuré: half witted
dépérissment *(m)*: decline
dérisoire: derisory, pathetic
dérive *(f)*: state of drifting
désarroi *(m)*: disarray, confusion
désherbant *(m)*: weed-killer
désinvolte: casual
désœuvrement *(m)*: idleness, having nothing to do
désormais: from now, then on
desserrer: to loosen
détente *(f)*: relaxation
déverrouiller: to unbolt, open up
digne: worthy
disponible: available
disposer de: to have at one's disposal
distrait: absent-minded
doléances *(f, pl)*: grievances
douillet: cosy
drapeaux, sous les: in the armed forces

E

eau-de-vie *(f)*: brandy
ébranler: to shake, weaken
écart *(m)*: gap
échappement, gaz d' *(m)*: fumes
échec *(m)*: failure
échouer: to fail
éclaircir: to clarify
écraser: to crush
effacé: low-profile
efficace: effective
s'effondrer: to collapse
s'effriter: to crumble
élargissement *(m)*: broadening, spread
embaucher: to take on (employee)
embûche *(f)*: pitfall
émouvoir: to affect
empiéter sur: to encroach on
enceinte *(f)*: enclosure
endémie *(f)*: endemic disease
s'enfoncer: to sink
engrais *(m)*: manure
enjeu *(m)*: stakes
enrayer: to check, stop
ensemble, grand *(m)*: housing estate (usually flats)
entraînement *(m)*: training
entraîner: to bring about
entraver: to hinder

entretien *(m)*: conversation
épanouissement *(m)*: blossoming
équivoque, sans: unequivocally
étape *(f)*: stage
état-major *(m)*: staff, headquarters
étincelle *(f)*: spark
étiqueter: to label
exaucer: to fulfil
exiger: to demand

F

facture *(f)*: bill
facultatif: optional
faillite *(f)*: failure
farci: stuffed
faste: splendid
faute de mieux: for want of anything better
fignoler: to put the finishing touches
flambeau *(m)*: torch
flèche *(f)*: arrow
fleuron *(m)*: jewel, finest item
foi *(f)*: faith
fonctionnaire *(m)*: civil servant
formation *(f)*: training
fossé *(m)*: ditch, gulf
foulée, dans la: while at it
fournir: to provide
foyer *(m)*: home
frais, faire les *(m. pl)*: to bear the cost
franchir le cap: to pass the mark
frayeur *(f)*: fright
fugue *(f)*: flight (running away)
fuite *(f)*: leak
fur, au . . . et à mesure: as you go along

G

gamme, haut de: high-level
gaspillage *(m)*: squandering
gaver: to stuff, cram
gérer: to manage
gestion *(f)*: management (abstract)
gestionnaire *(m)*: administrator
gommer: to erase
se gonfler: to swell
guetter: to lie in wait for

H

haine *(f)*: hatred
hantise *(f)*: obsessive fear
hebdomadaire: weekly
honnir: to hold in contempt
houille *(f)*: coal

I

idem: ditto, the same
illicite: illegal
immobilier: property (adj.)
immuable: unchanging
imprévisible: unforeseeable
inculte: uncultured
indemne: unscathed
inéluctable: inevitable
informaticien *(m)*: computer operator
ingrat, l'âge: the awkward age
intégral: complete

J

jouir de: to enjoy
jouissance *(f)*: pleasure

L

lâcheté *(f)*: cowardice
lacune *(f)*: gap
lapalissade *(f)*: statement of the obvious
lauriers *(m. pl)*: laurels (signifying dominance)
licencier: to sack, make redundant
lien affectif *(m)*: emotional tie
lot, le gros: jackpot
louer: to praise
lueur *(f)*: glow

M

maladroit: clumsy
marée *(f)*: tide
marginal *(m)*: drop-out
matheux *(m)*: maths specialist
matières premières *(f, pl)*: raw materials
mélange *(m)*: mixture
ménager la chèvre et le chou: to try to please everybody
mépris *(m)*: scorn
métamorphoser: to transform
miette *(f)*: crumb
modique: modest
montant *(m)*: total amount
moribond: dying
moyennant: by means of
mûr: mature
mutation *(f)*: change

N

naguère: not long ago

naufrage *(m)*: wreck
net, mise au *(f)*: making a fair copy

O

obligatoire: compulsory
office, d': as a matter of course
oie *(f)*: goose
orientation *(f)*: advice about the future
outrance *(f)*: excess

P

pair, aller de . . . avec: to go hand in hand with
pairs *(m, pl)*: peers
parcellaire: fragmented
parcours *(m)*: journey
pari *(m)*: bet
parvenir: to arrive, succeed
se passer de: to do without
passoire *(f)*: sieve
patauger: to wallow, flounder around
pâté de maisons *(m)*: block
patrimoine *(m)*: heritage
paumé: lost
peinard: cushy
percée *(f)*: breakthrough
périmé: out of date
périphérie *(f)*: edge
permanence, heure de *(f)*: private study period
peser: to weigh
pétrole *(m)*: oil
piège *(m)*: trap
piètrement: very poorly
plaie *(f)*: wound
planche à billets, faire marcher la: to print money
planer: to become detached
plébisciter: to vote for
plomb *(m)*: lead
poids *(m)*: weight
pointe, de: leading
polar: single-minded
polyvalent: varied
poncif *(m)*: cliché
poumon *(m)*: lung
pourri: rotten
prédicateur *(m)*: preacher
se prémunir contre: to guard against
se prendre à: to tackle
prime supplémentaire *(f)*: bonus
promouvoir: to promote, further
prôner: to extol

propice: favourable
propos *(m)*: remark
propre, au: in the literal sense
psychotrope: mood-modifying
publiphobe: hater of advertising
puissance *(f)*: power

R

rabais, au: on the cheap
racine *(f)*: root
ras le bol, avoir: to be fed up
rayon *(m)*: radius
se rebiffer: to rebel
récidiver: to repeat a crime
recueillir: to collect
redevance *(f)*: fee
rédiger: to edit, draw up
redoutable: formidable
refluer: to ebb
relever de: to stem from
se remettre: to recover
remettre en cause: to call into question
rendement *(m)*: productivity
rentable: viable
repère (m): landmark
repérer: to spot
se retrancher: to cut oneself off
revanche, en: on the other hand
revendication *(f)*: demand
revendiquer: to demand
revêtir: to take on, assume
ribambelle *(f)*: large flock
ridé: wrinkled
rogner: to cut back
roulement *(m)*: rotation

S

saborder: to put paid to
sécher un cours: to cut a lesson
secousse *(f)*: jolt
séduisant: attractive
semer: to sow
sénescence *(f)*: growing old
sensible, le monde: the world of the senses
sévir: to be rife
SIDA *(m)*: AIDS
siège social *(m)*: head office
SMIC *(m)*: basic minimum wage
soit . . . soit: either . . . or
se solder par: to end in
solliciter: to appeal to
somnifère *(m)*: sleeping tablet
sort *(m)*: fate
sottisier *(m)*: collection of stupid mistakes

soûlerie *(f)*: binge
speakerine *(f)*: female announcer
subir: to undergo
surplomber: to tower over
susciter: to arouse
surgir: to emerge

T

tas, sur le: on the job
tâtonner: to grope one's way
taux *(m)*: rate
tenter: to tempt
tort, à . . . et à travers: wildly
tourbillon *(m)*: whirl
toxicomanie *(f)*: drug addiction
trahir: to betray
troquer: to swap

V

vache: mean
vaille que vaille: come what may
valoriser: to increase the standing of
vendre la mèche: to give the game away
vergogne, sans: shameless(ly)
virer: to sack
voire: indeed
voué à: doomed to
voyance *(f)*: clairvoyance
vraisemblance *(f)*: likelihood, plausibility

Acknowledgments

All the textual material in *Débouchés* has been adapted, except
where the original has been reproduced photographically. The
authors and publishers would like to thank the following for their
permission to reproduce copyright material:

Bayard Presse for 'Les écoles retournent à l'école *Phosphore*,
October 1986; 'Un lycée peut en cacher un autre' *Phosphore*,
October 1986; 'Vous pouvez mieux utiliser votre mémoire'
Phosphore, February 1987; 'Un guide gratuit vous est offert'
Phosphore, February 1987; 'Sportez-vous bien' *Phosphore*,
September 1985; 'Fatigue: l'ennemi no. 1' *Phosphore*, September
1985; 'Trois tables' *Phosphore*, September 1987; 'Mal dans sa peau'
Phosphore, June 1986; 'Drogues: où sont les risques?' *Phosphore*,
June 1986; 'Les chemins de la délinquance' *Phosphore*, September
1986' 'Une justice adaptée' *Phosphore*, September 1986; '3 tables'
Phosphore, June 1987; 'Le siècle de l'automobile' *Phosphore*,
September 1985; 'Parlons religions; ce que vous pensez de la
religion' *Phosphore*, December 1987; 'La pub emballe l'économie'
Phosphore, November 1987; Advertisements on page 73, *Phosphore*;
'Protéger l'environnement: on y pense . . .' *Phosphore*, April 1987;
'L'année du travail personnel' *Phosphore*, August 1986; 'Le code
secret de votre bulletin scolaire' *Phosphore*, December 1986; 'Peut
mieux faire' *Phosphore*, December 1986; 'Portrait-robot du bon
élève' *Phosphore*, December 1986; 'Profs-élevès' *Phosphore*,
December 1986; L'Etudiant for 'Fast-Food: Job sur mesure, parfois
lourd à digérer' and 'Halte à la sélection par l'argent' *L'Etudiant*,
November 1987; L'Express for the cartoon on page 50, *L'Express*
15 December 1987; 'La revanche des littéraires' *L'Express* 25
December 1987; 'Le nouvel âge de la science' *L'Express*, 25
December 1987; 'Syndicats: la grande reconversion' *L'Express*, 24
April 1987; 'La Famille: une idée moderne: Le succès des
nouveaux modèles' *L'Express*, 13 June 1986; 'Les médias, ont-ils
les pleins pouvoirs' and the three tables on page 75–76 *L'Express*
22 May 1987; and 'Ce qui fait peur aux Français; La route n'est pas
la plus meurtrière; Silence, suicides; Prévenir n'est pas guérir'; Le
Figaro for L'événement le plus important' *Le Figaro* 24 October
1987; Le Monde for 'L'alcool initiatique' by P Priestley *Le Monde du
Dimanche* 6 September 1981; 'Le dur métier de lycéen' by M C
Betbeder *Le Monde de l'Education* September 1987; 'Santé:
comment vont les lycéens' by M C Betbeder *Le Monde de
l'Education* September 1987; Valeurs Actuelles for '30 Heures par
semaine: une utopie' *Réalités* 1971; 'Sommes-nous une tribu
cassée?' *Réalités* 1971.

The author and publishers would also like to thank the following
for permission to reproduce logos to use as cover material:
Elle, Le Figaro, Le Monde, Paris Match.

Every effort has been made to trace copyright holders of material
reproduced in this book. Any rights not acknowledged here will
be acknowledged in subsequent printings if notice is given to the
publisher.